直播电商推广

主　编　赵加平　李　莎

副主编　胡　锦　甄小虎

参　编　刘　颖　刘媛媛　王　玉

　　　　荣舒欣　张爱玲　王彦红

北京理工大学出版社

BEIJING INSTITUTE OF TECHNOLOGY PRESS

内 容 简 介

本书以直播电商的整体运营流程为线索，通过知识讲解与实操案例，全面、系统地介绍了直播电商的操作思路、方法以及主流直播电商平台的具体运营策略。全书按项目讲解，涵盖直播电商认知、准备、选品与产品营销、运营、推广、效果评估与改进、运营案例分析以及达人带货等内容，为读者提供了一站式的直播电商运营解决方案，真正帮助读者解决直播过程中的痛点与难点。

本书结合行业案例、拓展资源和实战训练，旨在培养读者的动手能力，使读者能够快速掌握直播电商的操作技能。此外，本书特别关注行业最新趋势，提供了前沿的运营策略和实战技巧。

本书可以作为高等院校电子商务、国际经济与贸易、市场营销等专业的教学用书，也可供直播行业的从业人员以及有志于进入直播领域的创业者使用。

图书在版编目（CIP）数据

直播电商推广 / 赵加平，李莎主编. --北京：北京理工大学出版社，2025.1.
ISBN 978-7-5763-4713-5

Ⅰ. F713.365.2

中国国家版本馆 CIP 数据核字第 2025ZN6606 号

责任编辑：封　雪　　　　文案编辑：毛慧佳
责任校对：刘亚男　　　　责任印制：李志强

出版发行 / 北京理工大学出版社有限责任公司
社　　址 / 北京市丰台区四合庄路 6 号
邮　　编 / 100070
电　　话 / (010) 68914026（教材售后服务热线）
　　　　　　 (010) 63726648（课件资源服务热线）
网　　址 / http://www.bitpress.com.cn

版 印 次 / 2025 年 1 月第 1 版第 1 次印刷
印　　刷 / 涿州市新华印刷有限公司
开　　本 / 787 mm×1092 mm　1/16
印　　张 / 12
字　　数 / 276 千字
定　　价 / 79.00 元

党的二十大报告指出："加快发展物联网，建设高效顺畅的流通体系，降低物流成本，加快发展数字经济，促进数字经济和实体经济深度融合，打造具有国际竞争力的数字产业集群"。这一内容指明了今后电子商务发展的方向，而直播电商正是电子商务进一步发展的强力推进器。

直播电商行业在国家及地方政府多项政策的支持下不断创新，直播电商有效带动新消费、全面助力乡村振兴、积极推动国际国内"双循环"和扎实推进共同富裕，实现了直播在乡村振兴、教育、文旅、交通和数字本地生活的全景应用。技术迭代是直播电商转型升级的重要契机，5G赋能、视频直播技术和大数据算法等成果，大幅提升了电商直播的音像效果、个性化内容推送精准度以及用户的互动感，进一步催化和加速了直播电商产业的升级和发展壮大。

当下，直播电商已经成为电商在新时代的新产业，呈现出极强的爆发性。个人和商家争先恐后地进入直播电商领域，各大品牌也纷纷入驻直播电商平台。截至2024年，全国网上零售额也持续增长，达到15.5万亿元，直播电商用户规模为5.97亿人。

相比传统电商和线下购物等渠道，直播电商通过推荐技术，把优质的商品内容与海量兴趣用户连接起来，激发了用户消费的新体验与新需求，为商家带来了销售的新增量。对于电商企业而言，如何突破过往的电商运营思维，快速拥抱直播电商的新趋势，抢占直播电商的先机，是他们必须直面的挑战。

同时，面对直播电商的行业红利，直播电商运营已经成为一项重要技能。对于大学生来说更是如此，掌握直播电商运营的相关技能，既有助于大学生成为企业需要的专业人才，又能给大学生自主创业带来更多的可能性。面对快速发展的直播电商行业，为满足直播电商行业人才培养的需求，我们编写了本书。

本书的特色如下。

（1）理论与实践相结合。本书不仅详细阐释了直播电商的相关理论知识，而且对直播电商平台的运营实操策略进行了讲解，使读者能够把理论知识运用到实践中，可以快速理解直播电商的基本理论、基本技巧和实战方法。

（2）内容全面，结构合理。本书全面解析了直播电商的各个环节，如直播电商准备、直播电商选品与产品营销、直播电商运营、直播推广、直播电商的效果评估与改进、直播电商运营案例分析以及直播达人带货等，形成了直播电商运营的闭环，旨在帮助读者真正掌握直播电商运营的全流程，以更好进行实践。

（3）形式丰富，实用性强。本书针对每个项目的具体内容与特点，精心安排了引导案例、课堂讨论、案例分析、任务测验等板块，不仅解决了读者在学习直播电商的过程中可能遇到的各种问题，还能使读者学到的知识更加全面、丰富。

本书由赵加平、李莎担任主编，胡锦、甄小虎担任副主编。另外，刘颖、刘媛媛、王玉、荣舒欣、张爱玲、王彦红以及相关企业人员也参与了本书的编写。本书由胡锦统稿，赵加平通读。

由于编者水平有限，书中难免存在疏漏之处，希望广大读者不吝赐教。

编　者

目录

项目一　直播电商认知

学习目标

> **知识目标：**
> 1. 了解直播电商的含义
> 2. 认识直播电商新业态
>
> **能力目标：**
> 1. 了解直播电商从业人员岗位要求
> 2. 了解直播电商团队人员构成
>
> **素养目标：**
> 1. 培养探索事物内在规律的求真思维
> 2. 培养实事求是的价值观

引导案例

从 0 到 1：小红的直播电商之旅

背景介绍：

小红原本是一名普通的上班族，每天朝九晚五，生活平淡。随着时间的推移，她渐渐觉得这样的生活缺少激情。某天，她接触直播电商这一新兴行业后，看到了其中的机会，决定尝试一下。

初始阶段：摸索与准备。刚开始，小红对直播电商一无所知，只能从基础知识开始学习。她研究了各种直播平台、了解受众喜好、摸索有效的沟通技巧。为了吸引观众，她决定选择自己熟悉并热爱的美妆领域作为切入点，还购买了高品质的直播设备，以确保直播质量。

发展阶段：实战与调整。小红开始了她的直播电商之旅。起初，观众并不多，但她没有气馁。她坚持每天在直播时与观众互动，分享自己的美妆心得。慢慢地，她积累了一定的粉丝基础。同时，她也遇到了很多问题，如产品选择不当、直播时间不稳定等。针对这些问题，她不断调整策略，优化直播内容，逐渐形成了自己的风格。

成熟阶段：突破与创新。随着时间的推移，小红的直播电商事业逐渐步入正轨。她的粉丝数量快速增长，销售额也不断攀升。为了进一步吸引观众并使他们保持新鲜感，她开始尝试与各品牌合作举办促销活动、邀请嘉宾助阵等方式来丰富直播内容。同时，她还注重与粉丝的互动，经常进行问答、抽奖等活动，拉近与粉丝的距离。

转型阶段：扩张与多元化。随着业务的不断发展，小红意识到单靠个人直播已经无法满足市场需求。于是，她开始组建团队，拓展业务范围，涉足更多领域。她带领团队开设线下实体店、推出自有品牌等。这些举措不仅进一步提升了她的品牌影响力，也为她带来了更多的商业机会。

总结与展望：

通过不断的努力和尝试，小红将自己从普通的上班族转型为成功的直播电商创业者。她的经历不仅展示了一个普通人如何通过直播电商实现自我价值的过程，也为我们提供了一个认识直播电商行业的典型案例。未来，随着直播电商行业的不断发展和创新，越来越多的人将成为这个行业的佼佼者。

任务一　直播行业发展概况

任务描述：全面梳理直播行业的起源、发展历程、当前市场态势及未来趋势，通过数据分析和案例研究，展现行业全景，为学习者提供深入了解直播电商行业的基石。

任务分析：通过本任务的学习，系统掌握直播电商行业的发展脉络与现状，理解行业趋势与特点，提升对行业的认知深度，为日后的实践应用与策略制定提供有力支持。

任务实施：首先，通读本任务的内容，掌握直播电商行业的基本框架和核心概念。其次，利用互联网资源，搜集行业报告、统计数据及成功案例进行深入分析。再次，通过小组讨论或独立思考，提炼行业发展的关键因素和趋势，形成自己的见解。最后，准备课堂分享或提交报告，以便更好地将理论知识应用于实践。

任务评价：通过案例研究，能够展现对行业的深刻洞察与全面认识，且能够捕捉行业发展的前沿动态，为后续的电商推广实践提供有力的理论支撑。

知识链接

随着互联网技术的迅速发展，直播行业已经崭露头角，成为互联网领域的一股重要力量。直播行业以其独特的互动性、实时性和亲近感等特点，在互联网娱乐、社交以及消费方式中扮演着关键角色。

1.1.1　直播行业发展历程

2016 年被称为网络直播爆发元年。起初，直播电商是为了建设内容和流量变现而进行的尝试，而如今的直播行业的产业链逐步完善和多元化，正处于快速增长的爆发阶段。直播电商交易额急剧增长，头部流量平台和交易平台不断向直播倾斜资源，直播带货已几乎成为各大平台的标配。花椒、映客、熊猫 TV 等众多直播平台纷纷加入，使国内在线网络直播平台总数超过 200 家。据《中国互联网络发展状况统计报告》统计，截至到 2024 年 12 月，我国网络直播用户规模达 8.33 亿人，较 2023 年 12 月增长 1 737 万人，占网民整体的 75.2%；短视频用户规模为 10.40 亿人，占网民整体的 93.8%。全网短视频账号总数达 15.5 亿个，职业主播数量已达 1 508 万人。当前主播群体逐渐呈现出高学历、年轻、职业化的趋势，短视频创作者也在向年轻群体和中高龄群体两极发展。直播电商发展历程如表 1-1 所示。

表 1-1　直播电商发展历程

萌芽期(2016 年)	起步期(2017 年)	成长期(2018 年)	爆发期(2019 年至今)
电商平台与短视频平台陆续上线直播功能；短视频开始进行电商、付费等多种商业模式的尝试	主播身份多元化，从明星网红向素人转移；直播品类多元化；行业角色分化，直播营销人员服务机构出现	直播频道在各内嵌平台的重要性逐渐上升；各大平台转型并推出"内容补贴"战略，扶持内容创作；内容平台建设自有供货平台	行业进入爆发期，交易额度高涨，直播电商标配化；主播的身份更加多元化；精细化运营，供应链建设得以强化
1 月：快手上线直播功能；3 月：淘宝直播试运营，5 月正式推出淘宝直播平台；3 月：蘑菇街开启直播电商；9 月：京东上线直播功能	7 月：苏宁 App 正式上线直播功能；11 月：抖音上线直播功能；11 月：淘宝直播单日直播场次规模上万，单日累计观看破亿	3 月：亚马逊开始尝试网络直播服务；3 月：抖音正式试水直播电商，开始在大账号中添加购物车链接，在 5 月上线了店铺入口，12 月购物车功能正式开放申请；6 月：快手与有赞合作推出"短视频电商导购"，并新增快手小店，还推出"魔筷 TV"小程序；8 月：京东时尚在"京星计划"中推动直播带货	4 月：微信试运营直播电商；5 月：拼多多与快手完成后台系统打通；5 月：蘑菇街建立第一个全球美妆供应链池；7 月：京东宣布至少投入 10 亿资源，孵化不超过 5 名超级红人；8 月：网易考拉上线直播功能；11 月：天猫"双 11"淘宝直播引导成交额近 200 亿元，参与直播的商家已经超过 50%

1.1.2　直播行业发展阶段

一、三个阶段

网络直播一开始源自"草根"，自诞生之日起便带有一种平民化的个性色彩，融入了网民的生活。网络的兴起经历了三个发展阶段，一直延续至今。

(1)在直播 1.0 时代，网民主要通过台式机上网，而随着 9158、YY 语音、六间房等平台推出的秀场直播，直播行业进入初期发展阶段。

(2)随着直播 2.0 时代的到来，网络游戏的风靡催生了游戏直播，进一步推动了网络直播市场的垂直细分。

（3）随着进入直播 3.0 时代，"直播+"正在全面赋能各行业。随着网络技术和智能终端设备的普及，新兴的移动直播平台如映客、花椒等不断涌现，移动直播得以兴起。各类网络达人、综艺节目、电商导购等直播活动层出不穷，直播也进入了泛娱乐化的 3.0 时代。

二、四大新生态

《互联网平台"直播+"赋能研究报告》中显示，"直播+"展现出了巨大的创新性和生产力，已经形成了四大新生态。

第一个新生态是拓展多元化的国民特色，搭建跨圈层的流量场。通过强大的进化能力，"直播+"成功地突破了自身的用户群体，实现了广泛的国民化拓展，并构建了更为广泛和丰富的跨圈层流量场。这种突破取得的成果主要得益于不断增加的上游主播群体的多样化，可以提升和优化下游品牌的知名度。

第二个新生态是打破传统领域的边界，重新构建新兴格局。首先，"直播+"模式首次突破了社会个体活动与体验的时间和空间限制。其次，"直播+"进一步消除了传统的组织结构和产业环节的边界。最后，"直播+"破除了行业、供需匹配以及资源平衡分配等各方面的界限。

第三个新生态是直播行业迈向"日常化"，而日常生活也逐渐朝着"直播化"方向发展。随着直播的普及化和日常化，"日常直播化"的逻辑也在各个行业内部涌现。人们的日常生活甚至可能因为直播而改变，直播所代表的媒介逻辑正在融入日常生活之中，这就是"日常直播化"的趋势。在移动视频时代，用户逐渐转向"视频化生存"，未来甚至可能会趋向于"直播化生存"。

第四个新生态是直播行业对现实空间的重构，促进社会治理方式的拓展。在重新塑造现实空间方面，根据"直播+"的背景，"缺席的在场"和"在场的缺席"这两种状态同时存在。而基于"直播+"逻辑的流动空间可能会从下至上成为扩展社会治理方式的新动力。一些领导者敏锐地意识到"直播+"模式的巨大潜力，并将"短视频+直播"的方式引入治理工作。

1.1.3　直播行业的发展趋势

一、内容生态愈趋完善

自最初的秀场直播起步，直播行业已逐渐拓展至游戏、体育、教育、旅游、购物等多个领域。展望未来，直播平台将继续拓展内容生态，吸引更多优质内容创作者加入直播行业，并覆盖更广泛的领域。

二、私域流量直播将更受欢迎

私域流量直播是指品牌或个人在自己的平台上进行直播，通常吸引已有用户群体，具备较高的社交属性。未来，随着微信、抖音等平台对私域流量直播的支持和鼓励不断增加，这种直播方式将更加受欢迎。

三、直播电商仍有巨大潜力

直播电商已经发展成为直播行业中一个重要的组成部分，未来将持续迅速增长。随着直播带货的普及和消费者对直播购物信任度的提升，直播电商将成为商家和平台重要的销售渠道。

四、直播行业规范将逐步建立

随着直播行业的迅速增长，监管部门将逐步加强对该行业的监管，以确保建立更规范的直播环境。同时，直播平台也将加强对内容创作者的审核和管理，以维护平台内容的合法性和健康性。表1-2是直播业务常见的盈利手段或运营策略，它们在直播生态中有不同的作用。

表1-2　直播业务常见的盈利手段或运营策略

增值服务	虚拟道具购买、打赏
广告	以品牌广告为核心，类似于在线视频服务商的商业模式，主要通过CPM（Cost Per Mille，每千次展示成本）等主流的售卖方式进行，包括网页广告和主播植入广告两种形式
会员订阅	付费成为会员，享受消除广告、观看付费内容、订阅频道等服务
电子商务	利用个人品牌影响力，引导粉丝购买，将游戏直播用户转化为电商用户
赛事竞猜	用户在观看比赛（并不局限于电竞比赛）的同时，对赛事进行投注
线下艺人活动	传统秀场直播有时候还可以通过代理票务发行、运营艺人活动、开展艺人培训与保障以及拓展人气艺人线下演出会等形式盈利

1.1.4　直播行业市场前景分析

一、市场规模不断扩大

随着直播行业的进一步完善和用户规模的持续增长，直播行业的市场规模将继续扩大。根据相关数据显示，截止到2024年12月，中国直播电商市场规模已达到5.3万亿元，未来数年仍将保持稳步增长。

二、主播和内容创作者就业机会增多

随着直播行业的急速发展，主播和内容创作者的就业机会也将显著增加。未来，直播平台将为内容创作者提供更加多样化的变现途径，进一步提升他们的社会地位和收入水平。

三、直播行业用户黏性更强

随着用户对直播行业的认知和接受程度日益提升，用户对直播行业的依赖性将不断增强。同时，直播平台也将不断改进用户体验，提高用户保留率。私域流量直播以及垂直领域直播的内容创作者将更加容易吸引粉丝并占领可多的市场份额。

四、5G技术将推动直播行业再次爆发

直播行业迎来更多的机遇。随着5G技术的普及，高品质视频画面和低网络延迟将提升用户的观看体验，也将创造更多应用场景，如VR/AR（虚拟现实/增强现实）直播、高清直播和无人机直播等。

直播行业的发展前景非常广阔，发展趋势令人振奋。未来，直播平台将继续优化内容生态，扩展应用场景，以提高用户满意度。同时，随着监管力度加强和行业规范化水平提高，直播行业将迈向更加健康有序的发展轨道。

任务二　直播电商业态分析

任务描述：全面了解直播电商的基本模式、市场现状及未来趋势，通过案例分析、数据研究等方法，加深对直播电商业态的理解与认知。同时，还需要结合所学知识，思考如何在实践中运用直播电商策略，提升电商业务的竞争力与影响力。

任务分析：通过深入剖析直播电商的运营模式、市场规模、用户画像等关键要素，理解其与传统电商的区别与联系。同时，还需要关注直播电商的发展趋势与潜在问题，为日后的实践提供理论支撑与策略指导。

任务实施：

1. 提炼关键知识点并整理出直播电商的基本模式、核心要素及市场现状。

2. 通过市场调研、网络搜索等渠道，收集直播电商行业的最新数据、案例和趋势分析，以加深对业态的理解。

3. 分析直播电商的优势与不足，探讨其在市场中的竞争地位，结合具体产品或品牌，设计直播电商推广策略并进行模拟实践。

4. 撰写一篇关于直播电商业态分析的报告，总结研究成果，提出改进建议。

任务评价：

通过任务实施，全面掌握直播电商业态的相关知识，提升分析能力和实践能力。

知识链接

直播作为一种业态创新，是电子商务渠道为争夺市场份额、拓展客户群体、提升消费者体验而采取的一种新型业态。在这一新型业态中，直播媒体元素得以融入，使商家与消费者的互动方式从最初的文字信息和商品图片直接升级至可视媒体。这种渠道业态变革的关键突破点在于"网红"主播的兴起，他们将媒体、娱乐、文化和生活等多种元素带入渠道推广和品牌塑造中，使之具备在线互动、实时联系、场景丰富、个性鲜明、充满娱乐色彩、富有情感共鸣和体验丰富等特性，使消费者和参与者受益匪浅。

《互联网平台"直播+"赋能研究报告》中指出，在数字经济势不可挡的万物互联新时代，党中央和国务院高度重视数字经济发展。直播带来的蝴蝶效应正在席卷各行各业，甚至一些领导干部也参与"直播带货"，成为不可忽视的社会现象。

1.2.1　直播行业业态

一、直播内容类型

直播行业从最初的秀场直播开始逐步延伸到游戏、体育、教育、旅游、购物等多个领域。未来的直播平台将不断拓展内容生态，吸引更多优质内容创作者跨足直播行业的各个领域。

二、直播带货

直播电商已经成为直播行业的一个重要支柱，未来将持续快速增长。随着直播带货的

普及和消费者对直播购物的信任度提高，直播电商将继续成为商家和平台的重要销售渠道。

三、直播交互方式

除了直播平台创新的方式，如直播聊天室、礼物系统、打赏功能等，也可以通过其他交互方式提高用户参与度和用户黏性，也为平台带来收益。

四、直播行业规范化

随着直播行业快速蓬勃发展，监管部门将加强对直播行业的监管，以确保建立更加规范的直播环境。同时，直播平台也将加大内容创作者的审核和管理力度，以确保平台内容的合法合规和健康有序。

五、直播行业市场格局

当前，中国直播行业呈现出多平台、内容丰富、电商融合等特点。未来，随着5G技术的普和应用场景的拓展，直播行业将迎来更多市场格局的变化。

网络直播从最初的游戏直播，发展到如今的生活直播、美食直播、旅游直播等各种领域。直播内容的多样化，不仅满足了不同观众的需求，也为直播行业注入了新的活力。另外，各大知名企业和品牌也纷纷进入直播领域，通过直播营销，扩大品牌影响力。

1.2.2　直播行业相关政策

网络直播的一个重要特点就是实时互动。主播与粉丝之间的实时互动，拉近了彼此的距离，也为直播带来了更高的观众黏性。然而，随着直播行业的快速发展，一些主播为了追求利益，采取低俗、违规的方式吸引眼球，给行业带来了诸多负面影响。

为规范网络直播行业，保护广大网民的合法权益，政府部门已陆续出台了一系列法律法规和政策，如实名制、限制未成年人观看直播等。这对于整个直播行业的健康发展起到了积极的推动作用。

一、《中华人民共和国网络安全法》

该法于2017年6月1日正式生效，其中的第四十一条明确规定："网络运营者在收集、使用个人信息时应遵循合法、正当、必要的原则，公开并明示收集、使用规则，清楚说明信息的收集、使用目的、方式和范围，并获得被收集者的同意。"网络运营者有责任对收集的个人信息进行安全保护，并采取必要措施加以保护。

二、《中华人民共和国电子商务法》

该法于2019年1月1日正式实施，其中的第二十八条规定："电子商务平台经营者应当按照规定向市场监督管理部门报送平台内经营者的身份信息，提示未办理市场主体登记的经营者依法办理登记，并配合市场监督管理部门，针对电子商务的特点，为应当办理市场主体登记的经营者办理登记提供便利。"

三、《中华人民共和国税收征收管理法》

该法于2018年10月1日正式实施，根据其中第四条规定，法律、行政法规规定负有纳税义务的单位和个人为纳税人。法律、行政法规规定负有代扣代缴、代收代缴税款义务的单位和个人为扣缴义务人。纳税人、扣缴义务人必须依照法律、行政法规的规定缴纳税款、代扣代缴、代收代缴税款。

四、《网络直播营销管理办法(试行)》

该规定自 2021 年 5 月 1 日起正式生效，根据其中第十七条的规定，直播营销人员或者直播间运营者为自然人的，应当年满十六周岁；十六周岁以上的未成年人申请成为直播营销人员或者直播间运营者的，应当经监护人同意。

五、《关于加强网络直播规范管理工作的指导意见》

该文件发布于 2021 年 6 月 30 日，其中提出了一系列规范管理措施，包括严格规范网络直播营利行为、巩固平台主体责任、强化打击涉税违法犯罪活动、规范主播从业行为等方面。

直播行业政策的出台是为了加强对网络直播营利行为的规范引导，鼓励并支持网络直播依法合规经营，有效促进网络直播行业在发展中实现规范化，实现规范化进程中的持续发展。这一举措有助于规范直播行业的发展，维护观众和主播的合法权益，推动直播行业朝着健康、有序的方向持续发展。

1.2.3 直播电商概念

2024 年，教育直播、知识付费直播等细分领域持续拓展，在线直播用户数量达到 8.33 亿，占网民整体的 75.2%。这一年，"直播 + 多元场景融合"成为行业新趋势，随着线上线下融合的加速，企业直播规模进一步扩大。据统计，2024 年新增直播相关企业数量超 34.7 万家，举办的电商直播场次远超以往，直播观看人次突破新高。随着头部互联网平台持续深耕直播领域，以及物联网、人工智能等新技术在直播中的应用，直播行业迎来更多创新应用场景。预计潜在用户数量还将进一步增长。2024 年，中国直播电商市场规模达 5.3 万亿元，较 2023 年增长 8.16%。直播电商的持续火爆，不仅带动了供应链上下游的发展，还推动了直播运营、主播培训等新兴产业模式的兴起，为传统产业链的数字化转型升级注入了新活力。

一、直播电商的概念

直播电商，顾名思义就是通过直播方式进行商品推销和销售，融合了直播技术和电子商务的优势，为消费者带来更生动、直观、互动的购物体验。在直播电商中，主播以直播的形式给观众展示商品，还与观众互动、解答问题、提供购买链接和售后服务等。这种方式使消费者能更深入地了解商品，提高购买效率和满意度。直播电商，可以理解为"网红+直播+电商"的模式，是一种基于视频互动孕育而生的商品渠道新形态。直播实质上是一种流量引导工具，最终目的仍是销售商品，以达到销售目标和增加营业额。它将直播与电商相结合，形成了一种新型的营销模式。

传统电商通常采用图文形式展示商品，信息传达效率较低。若需展示更多商品信息，就必须增加图文长度，这不可避免地增加了消费者的阅读负担。相比而言，视频内容信息更具丰富性，具有更高的趣味性和更低的阅读门槛，已成为互联网用户最喜爱的内容形式之一。尤其对于涉及体验性和操作性较强的商品，直播演示能够更全面、细致地展示商品，让消费者获取更准确、真实的商品信息。

与传统电商中的客服问答式互动相比，直播带货中主播通过评论、弹幕等方式进行实

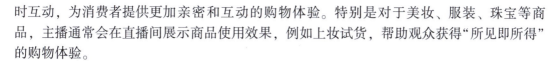

时互动，为消费者提供更加亲密和互动的购物体验。特别是对于美妆、服装、珠宝等商品，主播通常会在直播间展示商品使用效果，例如上妆试货，帮助观众获得"所见即所得"的购物体验。

二、直播电商的核心

直播电商的核心是电子商务。直播仅是电商行业为了抢占市场、扩大客户群和提升消费者体验而进行的一种业态创新。在这种新的业态中，直播作为媒体元素被融入其中，使商家与消费者之间的沟通从以往的文字信息和商品图片直接升级为可视化媒体展示。这种渠道业态创新的突破在于网红主播的涌现，他们将媒体、娱乐、文化和生活等多个新元素引入渠道推广和品牌建设中，具有在线互动、直播链接、直播场景、个性化、娱乐化、情感化和体验化等特点，从而使消费者产生新鲜、独特的体验感。

直播电商实质上体现了品牌方对私域流量的追求，重新构建了人与商品之间的互动场景。

（1）在直播电商中，购物者的角色由主动消费者转变为被动消费者；从以"我要购买"为中心，逐渐转变为以"我要推荐其他人购买"为中心。

（2）商品经历了去除中间商环节，直接链接产品原产地，在直播电商中实现了直接生产者至消费者的供应链模式，这一模式既节省了成本，又提高了销售效率。

（3）"千里眼+顺风耳"的功能已经实现。

直播电商作为一种新的销售推广方式，以直播为工具、以电商为基础。在该模式中，直播为电商带来流量，从而实现了销售目标。直播电商是电商的一种形态。因此，在理解直播电商时，应避免两个误区：一方面，不能夸大"直播"而忽视"电商"，重点应在电商本身，而非过分夸大网红或直播的作用；另一方面，不能过于注重形式而忽略内容，直播只是一种形式和工具，最重要的仍是商品本身和电商基础，其中包括商品的质量、特点和服务。如果过分强调"网红"个人价值以及直播形式的影响力，那么这种直播电商很可能迅速失去对消费者的吸引力。

1.2.4　直播电商的优劣势

一、优势

（一）能够提高销售效率

直播电商是一种能够实时展示商品的营销方式，通过主播的讲解和演示，能够让消费者更加直观地了解商品的特点和优势。直播电商还能够为消费者提供更加便捷的购物体验，让消费者在直播的过程中就能够完成购物，从而提高销售效率。

（二）能够增加用户黏性

直播电商是一种高度互动的营销方式，主播与观众之间的互动能够提升用户参与度。主播可以与观众实时互动，回答他们提出的问题，可以增强用户对品牌的信任感和忠诚度。

（三）能够降低营销成本

相比于传统的营销方式，直播电商的成本更加低廉。在直播的过程中，主播只需要一台电脑和一个摄像头就可以完成整个直播过程，不需要像传统的营销方式那样需要大量的人力和物力。直播电商还能够减少中间环节，直接将商品展示给消费者，从而降低营销成本。

(四)能够提高品牌曝光率

直播电商是一种新兴的营销方式，因此具有很高的新鲜感和独特性。品牌能够吸引更多的目光，提高品牌曝光率，从而为品牌带来更多的流量和销售机会。

二、劣势

(一)用户买卖存在风险

直播电商的部分主播存在逃避售后责任、以次充好、私下交易等问题。这种问题造成用户买卖存有风险性，有关服务平台应高度重视对主播素养的监管并提升进入主播行业的门槛。

(二)消费者维权难，售后服务差

直播电商服务质量仍有待提升，加强消费者维权观念、正确引导电商行业井然有序的发展、加强诚实守信标准运营、严厉打击各种违规操作是管控的关键。

1.2.5 直播电商的特点

一、实时性

直播电商是一种实时展示商品的营销方式。主播能够在直播过程中实时展示商品的特点和优势，从而让消费者更加直观地了解商品。

二、互动性

直播电商是一种互动性很强的营销方式，主播和观众之间的互动能够增加用户黏性。主播能够与观众进行实时互动，回答他们的问题，解答他们的疑惑，从而增加用户对品牌的信任度和忠诚度。

三、可信度

直播电商是一种能够提高商品可信度的营销方式。主播的讲解和演示，能够让消费者更加直观地了解商品的特点和优势，从而增加消费者对商品的信任度。

四、便捷性

直播电商是一种能够提供更加便捷购物体验的营销方式。在直播的过程中，消费者能够直接在直播间购买商品，从而省去了复杂的购物流程，提高了购物的便捷性。

任务三　直播电商从业人员要求

任务描述：理解直播电商从业人员所需具备的基本素质、专业技能以及行业规范，分析不同岗位的具体职责和要求，从而明确自己在直播电商领域的定位和发展方向。

任务分析：明确直播电商主播、运营、客服等岗位的核心职责和能力要求。通过案例分析、市场调研等方式，深入了解行业现状和发展趋势并结合自身兴趣和职业规划，确定自己在直播电商领域的发展方向。

任务实施：

1. 通过网络搜索、查阅行业报告等途径，收集更多关于直播电商从业人员要求的资料。

2. 参与实际直播电商活动，观察并学习从业人员的工作流程和沟通技巧。

3. 邀请业内人士进行交流，以获取更多的经验。

任务评价： 能清晰阐述直播电商不同岗位的职责和要求并能结合实际情况分析自身优势和不足。学生在任务中展现出的专业知识、实践能力以及对行业的理解和热情，都将作为评价的重要依据。通过本任务的学习，学生应能对直播电商行业有更深入的了解，并为未来的职业发展做好充分准备。

知识链接

1.3.1 直播电商从业人员基本职业道德

（1）坚守诚信原则，防范虚假宣传和假货问题。直播电商从业人员应始终秉持诚实交易理念，杜绝虚假宣传行为，谨慎避免推广假冒伪劣商品。

（2）保护消费者权益。直播电商从业者应真诚地维护消费者的权益，及时了解消费者需求，为他们提供优质的售后服务并提供有效的保障措施。

（3）保持专业形象和言行规范。直播电商从业者应保持专业形象和言行规范，避免在直播过程中言辞不当，以维护平台形象和行业声誉。

（4）遵守平台规定和法律法规。直播电商从业者应严格遵守平台规定和法律法规，不从事任何违法行为，不利用平台漏洞谋求不当利益。

（5）尊重用户隐私。直播电商从业者应注重保护用户隐私，严禁泄露用户信息，以确保用户的隐私。

（6）促进行业协同与合作。直播电商从业者应秉持开放、包容、合作、共赢的理念，加强合作，推动该行业的健康发展。

此外，除遵循上述基本职业道德外，直播电商从业者还应不断学习提升专业知识和技能，灵活适应市场变化和行业发展趋势，从而为消费者提供更优质的服务和产品。

1.3.2 直播电商专员岗位职责

一、策划和组织直播活动

负责制订直播销售计划，与各部门沟通协调，确保直播活动能够顺利落地执行并达到预期的销售目标。包括策划直播主题、内容、形式等，可以确保直播内容符合品牌形象和市场需求。

二、直播产品选品与采购

负责筛选适合直播推广的产品，整理产品信息，准备直播演示文案等，以提高直播销售效果。同时，还需要与供应商或品牌方沟通合作，确保产品的质量和供应稳定。

三、协助直播主播

为主播提供必要的支持和协助，包括准备演示内容、丰富互动环节、解答客户的问题等，以提高客户的黏性和参与度。同时，还要关注直播过程中的弹幕和评论，及时回应客户的反馈和需求。

四、直播数据分析与优化

跟进直播销售效果，进行数据分析和反馈，提出改进建议和优化方案，通过对观众行为、销售数据等进行分析，不断优化直播内容和策略，从而提升直播效果和销售业绩。

五、客户服务与关系维护

负责电商平台上的客户服务工作，及时解决客户问题和投诉，维护客户关系，通过与客户的沟通和互动，了解客户需求，为后续的直播活动提供改进方向。

1.3.3　主播要求

一、主播资质要求

主播资质要求应满足但不限于：

(1)具有完全民事行为能力且年龄在 16 周岁(含)以上。

(2)遵守法律法规。

(3)了解电子商务相关业务知识并掌握直播相关技能。

二、主播直播形象要求

主播直播形象要求包括但不限于：

(1)当主播进行直播时，应注意衣着形象等方面不得违反社会公德，且其仪容应体现其直播产品或服务的特性。

(2)若以虚拟形象作为主播，虚拟形象主播须与自然人主播或直播营销团队相关联，且虚拟主播形象应遵守国家有关法律法规中的肖像权和知识产权保护规定。

三、主播直播行为要求

主播在直播过程中的表演、用语等行为应符合国家相关规定，包括但不限于：

(1)宜采用普通话进行直播，应当协助平台引导和规范直播间观众的评论内容，以营造良好的网络环境。

(2)若主播以其个人名义或形象推荐或证明产品或服务，并且直播内容构成商业广告，应遵守广告代言相关规定。

(3)未经授权不应冒用他人名称、品牌等开展经营活动。

(4)不应虚构交易，也不应诱骗或诱导消费者进行私下交易。

(5)禁止以删除或屏蔽不利评价，或虚构用户对产品或服务的评价等方式欺诈或误导用户。

(6)直播内容不得包含色情、低俗或惊吓内容，也不应该出现侵犯他人合法权益的言论或行为。

(7)不得引导或诱导消费者点击与直播销售产品或服务无关的链接。

(8)应客观、真实地展示产品信息，不得夸大、虚假或误导性地宣传，禁止推广假冒伪劣产品或服务。

(9)应全面和专业地宣传直播营销产品或服务的特点，并对以下重要消费信息进行必

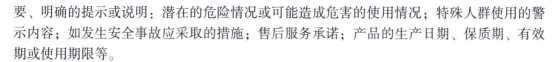

要、明确的提示或说明：潜在的危险情况或可能造成危害的使用情况；特殊人群使用的警示内容；如发生安全事故应采取的措施；售后服务承诺；产品的生产日期、保质期、有效期或使用期限等。

四、直播间管理

不应在下列场景进行直播：

（1）涉嫌危害国家及公共安全的场所。

（2）影响社会正常生产、工作和生活秩序的场所。

（3）暴露他人隐私、违反道德和社会伦理的场所。

（4）布景或装饰恶意违反直播受众的风俗、习惯等的场景。

（5）平台规定不宜进行直播的其他场所。

五、直播营销人员服务机构

直播营销人员服务机构（MCN）的基本要求主要包括：

（1）应具备网络营销服务相关的技术条件并配备相应的直播营销专业人员；

（2）从事广告发布的，应具备广告发布（非广播电台、电视台和报刊出版单位）、广告制作等相关资质。

（3）对需获得相关许可方可销售的产品或服务类型、直播行为等，应获得相应的资质。

（4）根据直播营销的产品或服务的特性和行业特点，应对直播营销产品或服务进行择优选品；选品时，宜建立直播营销产品或服务的筛选、准入、审核、退出等相关制度和规范。

（5）应与商家、平台等共同对直播营销的产品或服务建立相应的品控管理体系，品控管理的主要内容包括产品或服务的质量、包装、标识、计量、价格、知识产权、遵循的标准检测检验以及追溯等。

（6）应与直播营销平台、主播、电子商务交易平台、商家（平台内经营者）等相互配合并签订相应的服务协议，明确各方权利、义务和责任；在承诺的时间内进行售后服务并协调解决消费者的投诉或建议。

六、主播的培训与管理

MCN 应对主播进行规范化管理，主要包括以下的培训与管理事项：

（1）对签约主播开展直播营销相关知识（如法规、标准规范）、产品质量相关知识和直播技能（如直播应急处理）等的培训，确保主播形象和行为符合直播相关要求。

（2）与直播营销平台合作，对签约主播进行直播营销的产品或服务信息进行规范化建设。

（3）与直播营销平台合作，对主播和商家等进行消费者满意度调查。

任务四　直播电商岗位设置

任务描述： 了解直播电商行业中的岗位类型、职责分工以及岗位之间的协作关系，通过查阅相关资料、观看行业案例分析等方式，深入理解各岗位的职责要求和技能需求。

任务分析：掌握直播电商中不同岗位的职责、特点以及相互关系，理解岗位设置对于整个直播电商流程的影响，从而为未来在直播电商领域选择适合自己的岗位或进行岗位规划提供指导。

任务实施：

1. 利用网络搜索、查阅行业报告或相关书籍等途径，收集更多关于直播电商岗位设置的详细资料。特别要关注岗位具体职责、任职要求、发展前景等方面的信息，以便更加全面地了解各岗位的情况。

2. 选取典型的直播电商企业或案例，深入了解它们的岗位设置情况。分析这些企业或案例中不同岗位之间的协作关系，理解岗位设置对整个直播电商流程的影响。

任务评价：通过本任务，学习应能对直播电商行业的岗位设置有更深入的了解，并为未来的职业选择和发展做好充分准备。

知识链接

直播电商作为新的电商形态，具有实时性、交互性、内容化、社交化、碎片化等特征，直播本身也在自我迭代的升级进化中，面向专业公司、专人专岗，直播电商团队成员之间有清晰的分工合作流程，具体岗位设置如表1-3所示。本任务对主播岗位、运营岗位和客服岗位的能力要求进行详细介绍。

表1-3　直播电商具体岗位设置

职业方向	标准岗位	细化岗位
产品岗	直播电商规划师	商务、选品、编剧、导演、制片等
营销岗	直播电商营销师	经纪人、主播、辅播、媒介对接、渠道
运营岗	直播电商运营师	项目运营、场控、文案、活动、社群运营
设计岗	电商设计师(短视频设计师)	视觉策划、拍摄、视频剪辑等
客服岗	电商客服管理师	售前客服、售中客服、售后客服
物流岗	电商物流管理师	库管、采购、分拣打包、打单发货等
技术岗	现场控制	道具、算法、编程、数据、信息安全等

1.4.1　主播岗位能力要求

主播是直播电商的核心岗位，其水平的高低决定了直播的成败。

一、岗位职责

(1)负责完成整场直播的主持工作，是直播间的主要角色。

(2)熟练掌握直播相关话术，能在直播的不同环节中调整话术。

(3)具备销售心理学基础知识，能及时预判销售机会，能及时完成"转粉"和销售转化。

(4)熟悉直播整个流程策划，能与辅播及运营团队进行良好配合，了解直播不同环节的侧重点，能控制直播间节奏。

(5)参与运营团队选品策划，了解用户喜好，善于从用户角度观察直播电商选品逻辑，熟悉选品匹配度；能保持稳定的开播时间，能保证一定的开播量，一般每月至少直播20天，每天至少直播4小时。

二、技能要求

(1)基础能力：口头表达流利，熟练掌握产品相关知识，能熟练进行产品介绍，对产品卖点敏感，有熟练的销售技巧。

(2)状态要求：敢于在镜头面前进行表达和表演，并能接受长期稳定的直播时长。

(3)心态要求：敢于面对直播过程中用户的争议或坦然面对用户的尖锐提问，具备一定的控场和应变能力。

(4)其他要求：有颜值或有其他表演才艺等加分项(歌曲、舞蹈或其他专业才艺)，具备良好的个人素养，能在直播过程中保持饱满的精神状态，具备一定的心理承受能力，可以控制负面情绪。

三、素质要求

(1)具备较高的思想素质和良好的道德素养、人文素养、科学素养及职业素养。

(2)具备较高的网络文明素养、电子商务诚信与信用素养、信息安全与保密素养；具备良好的人际沟通素质和团队合作精神。

(3)具备基本的创新精神及创业意识。

1.4.2　运营岗位能力要求

运营是直播电商中的综合岗位，主要负责直播电商的整体规划和统筹。

一、岗位职责

(1)负责制订直播计划，根据产品特性和市场需求设计直播策略，包括确定直播的时间、主题、内容以及相关的活动安排。

(2)直播过程中承担执行工作，包括主持直播、详细讲解产品、与观众互动和促进销售等，确保直播内容吸引人且具有互动性。

(3)挖掘和引进适合的主播，还有管理和维护工作关系。对主播进行相关的业务培训，包括直播技巧、产品知识等，以提升直播效果。

二、技能要求

(1)具有良好的观察能力，注重细节，执行能力强。

(2)有内部资源沟通和协调能力，能判断对直播最有价值的资源。

(3)熟悉平台规则，具备内容策划能力，能根据产品策划直播活动。

(4)熟悉产品供应链，能根据选品及时调整定价及内容策划。

三、素质要求

(1)具有多个电商岗位实践经验，具备较强的管理能力。

(2)具有良好的职业素养和抗压能力，适应直播电商高密度的工作节奏。

(3)具有良好的个人素养，善于总结问题并自我调整；具有良好的自我学习和创新能力。

1.4.3　客服岗位能力要求

客服是直播电商中的服务岗位，主要负责直播电商客户的售前、售中和售后服务。

一、岗位职责

(1)负责收集客户信息，了解并分析客户需求，规划客户服务方案。

(2)熟悉产品信息，能掌握沟通技巧，正确解释并描述直播产品属性。

(3)负责进行有效的客户管理和沟通，了解客户期望值，回访客户，维护良好的客户关系；负责产品电商相关数据的收集和维护。

二、技能要求

(1)接待客户热情大方，能积极、主动地帮助客户解决能力范围内的销售问题。

(2)工作主动热情，仔细耐心，能持续保持高效的工作状态。

(3)打字速度快，能同时应对多人在线咨询，并能及时、正确地做好备注工作。

三、素质要求

(1)具有高度的工作责任心。

(2)思维灵活，沟通能力强，有良好的应变能力。

(3)熟悉各大直播平台的买卖操作流程；能熟练解答客户提问，推介产品，熟悉促进销售、订单生成等相关流程。

任务测验

一、判断题

1. 主播在直播过程中应始终积极、热情。　　　　　　　　　　　　　(　　)

2. 直播电商业态的发展趋势与市场需求和技术进步密切相关。　　　(　　)

3. 直播电商只是电商行业的一个分支，不会对整体电商市场产生很大影响。(　　)

二、简答题

1. 简述直播电商的基本定义及其核心特点。

2. 简述直播电商从业人员需要具备的基本素质和能力。

3. 分析直播电商业态的发展趋势及其对行业的影响。

三、技能实训题

1. 设计一段直播电商的开场白，要求吸引观众注意力并介绍直播主题。

2. 选取一个直播电商平台，分析其特色、用户群体以及主要商品类型。

3. 观看一场直播电商活动并记录下其直播流程、互动方式以及商品展示方法。

项目二　直播电商准备

学习目标

> **知识目标：**
> 1. 了解不同直播平台的规则和政策
> 2. 认识常见的直播平台
> 3. 掌握直播场景搭建方法
> 4. 熟悉直播运营团队的组建
>
> **能力目标：**
> 1. 能够选择适合自身工作的直播平台
> 2. 能够进行电商直播前准备工作
>
> **素养目标：**
> 1. 培养对电商发展趋势的敏感度
> 2. 培养良好的形象
> 3. 培养团队合作能力

引导案例

赵小颖同学上大学时学的是电子商务专业，在校期间参加了学校组织的直播团队，参与了几个直播项目，对整个直播流程比较熟悉，临近毕业，她与团队里几个志同道合的朋友计划进行创业，主要从事直播电商工作，想要成立一个直播电商工作室。面对这个新兴行业，她既激动又略感无措。作为一名准备进入直播电商领域的新秀，她渴望了解准备工作的全貌。

思考与讨论：小颖想从直播电商的准备工作入手对比各大直播平台的规则和特点，你能帮她总结一下吗？

任务一　直播平台规则

任务描述：近年来，直播电商作为电商融合创新发展的代表性新业态之一，正处在从"野蛮生长"向"规范治理"发展的关键阶段，得到了社会各界的广泛关注。国家对此高度重视，先后出台了《互联网直播服务管理规定》《关于加强网络直播规范管理工作的指导意见》等文件，以及《直播电子商务平台管理与服务规范》《网络表演经纪机构管理办法》等，积极推动了直播电商规范的发展。在进行直播电商工作之前，同学们需要了解、掌握这些规则。

任务分析：通过学习直播法律规则发展历程和典型的直播平台规则，熟悉和总结直播平台的通用规则。

任务实施：两名同学为一组，完成以下任务。

1. 总结典型直播平台规则。

2. 提炼出直播平台共同的特点。

任务评价：通过本任务的实施，学生可掌握直播平台规则，为后续的直播电商做准备。

知识链接

2.1.1　直播法律规则发展历程

直播法律规则的发展历程是一个不断适应行业发展和社会需求的过程。随着直播行业的不断创新和变革，未来的直播法规也将继续完善和发展，以更好地保障用户的权益，促进直播行业的健康发展。以下对直播相关的法律法规进行了梳理。

一、国家互联网信息办公室——《互联网直播服务管理规定》

2016 年 11 月，国家互联网信息办公室发布《互联网直播服务管理规定》，提出不得利用直播从事危害国家安全、破坏社会稳定、扰乱社会秩序、侵犯他人合法权益、传播淫秽色情等法律法规禁止的活动，不得利用互联网直播服务制作、复制、发布、传播法律法规禁止的信息内容。

二、中国商业联合会——《视频直播购物运营和服务基本规范》

2020 年 5 月，中国商业联合会发布《视频直播购物运营和服务基本规范》，其中规定了视频直播购物经营的范围、术语和定义、总体要求、从业人员、商品质量、运营管理、服务、监督管理等要求，适用于对商贸流通行业内视频直播购物经营的管理。

三、中国广告协会——《网络直播营销行为规范》

2020 年 6 月，《网络直播营销行为规范》发布，这是国内第一个关于网络直播营销活动的专项规范，侧重为从事网络直播营销活动的商家、主播、平台、主播服务机构（如

MCN)和参与营销互动的用户等主体提供行为指南。

四、国家广播电视总局——《国家广播电视总局关于加强网络秀场直播和电商直播管理的通知》

2020年11月，《国家广播电视总局关于加强网络秀场直播和电商直播管理的通知》实施，规定开办网络秀场直播或电商直播的平台要切实落实主体责任，着力健全网络直播业务各项管理制度、责任制度、内容安全制度和人资物配备，积极参与行风建设和行业自律，共同推进网络秀场直播和电商直播活动规范有序健康发展。

五、市场监管总局——《市场监管总局关于加强网络直播营销活动监管的指导意见》

2020年11月，《市场监管总局关于加强网络直播营销活动监管的指导意见》发布，其中对网络直播营销活动中的三大主体(网络平台、商品经营者、网络直播者)的责任进行梳理，分层次进行责任划分。

六、国家互联网信息办公室——《互联网直播营销信息内容服务管理规定(征求意见稿)》

为加强互联网直播营销信息内容服务管理，维护国家安全和公共利益，保护自然人、法人和非法人组织的合法权益，促进互联网直播营销行业健康有序发展，根据《中华人民共和国网络安全法》《中华人民共和国电子商务法》《网络信息内容生态治理规定》等法律法规和国家有关规定，国家互联网信息办公室会同有关部门起草了《互联网直播营销信息内容服务管理规定》，向社会公开征求意见。直播营销平台应当依据相关法律法规和国家有关规定，制定并公开互联网直播营销信息内容服务管理规则、平台公约。直播营销平台应当与直播营销人员服务机构、直播间运营者签订协议，要求其规范直播营销人员招募、培训、管理流程，明确直播营销信息内容生产、发布、审核责任。直播营销平台应当制定直播营销目录，设置法律法规规定的禁止生产销售、禁止网络交易、禁止商业推销宣传以及不适宜以直播形式推广的商品和服务类别。

七、国家互联网信息办公室等——《关于加强网络直播规范管理工作的指导意见》

2021年2月，国家互联网信息办公室、全国"扫黄打非"工作小组办公室等联合发布《关于加强网络直播规范管理工作的指导意见》，旨在进一步加强网络直播行业的正面引导和规范管理，重点规范网络打赏行为，推进主播账号分类分级管理，提升直播平台文化品位，促进网络直播行业高质量发展。

八、国家互联网信息办公室等——《网络直播营销管理办法(试行)》

2021年4月，国家互联网信息办公室、公安部、商务部等七部门联合发布《网络直播营销管理办法(试行)》，在对直播营销平台的要求方面，明确直播营销平台应当建立健全账号及直播营销功能注册注销、信息安全管理、营销行为规范、未成年人保护、消费者权益保护、个人信息保护、网络和数据安全管理等机制、措施。

九、商务部——《直播电子商务平台管理与服务规范》

2021年8月，商务部就《直播电子商务平台管理与服务规范》(征求意见稿)公开征求意见。此文件中规定了直播营销平台应该具备的资质、经营条件及合规性基本要求；规定了其应对商家和直播主体入驻及退出、产品和服务信息审核、直播营销管理和服务、用户以及直播主体账号的管理和服务要求；规定了其应对消费者隐私保护、交易及售后服务等消费者权益保护的要求；明确了信息安全管理要求。

十、中央文明办等——《关于规范网络直播打赏加强未成年人保护的意见》

2022 年 5 月，中央文明办、文化和旅游部、国家广播电视总局、国家互联网信息办公室四部门联合发布《关于规范网络直播打赏加强未成年人保护的意见》，提出禁止未成年人参与直播打赏、严控未成年人从事主播、优化升级"青少年模式"、建立专门服务团队、规范重点功能应用、加强高峰时段管理等工作举措。

十一、国家广播电视总局、文化和旅游部——《网络主播行为规范》

2022 年 6 月，国家广播电视总局、文化和旅游部联合发布《网络主播行为规范》，明确对于需要较高专业水平的直播内容，主播应取得相应执业资质，对网络主播也划定了 31 条红线，主播不得炒作绯闻、丑闻、劣迹，传播格调低下的内容，不得引导用户低俗互动等。该文件列举了网络主播在提供网络表演及视听节目服务过程中不得出现的 13 种行为。结合当前新技术发展，该文件还将利用人工智能技术合成的虚拟主播列入了参照执行的范围，而对于需具备专业性的直播内容，对主播提出要持证上岗等更高要求。

2.1.2　典型的直播平台规则

典型的直播平台规则旨在维护平台的运营秩序，保障用户的权益，促进直播行业的健康发展。用户在使用直播平台时，应自觉遵守这些规则，共同营造安全、健康、积极的直播环境。典型的直播平台规则如下。

（1）平台行为规范。禁止在直播中发布违法、暴力、色情、恶意攻击他人等违反社会道德和法律法规的内容。用户应尊重他人，不得进行造谣、诽谤、侮辱等。

（2）版权规定。用户在直播过程中应确保使用的内容具有合法的版权或授权。禁止未经授权发布他人作品（如音乐、影视片段等）的行为。

（3）礼仪准则。用户应遵守基本的礼貌和公共行为规范，在直播中不得存在恶意攻击、辱骂、歧视等行为，要维护良好的社交环境。

（4）广告与推销规定。直播平台会对广告和推销行为进行限制和管理。用户需要遵守平台关于广告投放和推销的规定，不能播放垃圾广告、进行虚假宣传等。

（5）未成年人保护。针对直播中涉及未成年人的内容，平台通常会有专门的保护措施和规定，禁止发布与未成年人有关的不当、违法内容。

（6）违规处罚措施。平台会设立相应的违规处罚机制，对违反规定的用户进行警告、封禁账号、删除违规内容等处理，以维护平台的秩序和用户的权益。

需要注意的是，不同的直播平台可能会有一些细微的差异和特殊规定。作为用户，在使用直播平台前应仔细了解规则。

课堂讨论：试了解抖音、淘宝、快手直播平台规则的异同。

任务二 认识常见的直播平台

任务描述： 在直播电商的领域中，了解并熟悉常见的直播平台至关重要，因为这些平台不仅是主播展示商品、推广品牌的重要场所，也是消费者了解产品、购买商品的主要渠道。因此，需要对市场上主流的直播平台进行深入了解，掌握它们的特点和优势，为开展后续的直播电商活动打下良好的基础。

任务分析： 通过市场调研和资料收集，了解当前市场上主流的直播平台，分析它们的特点、用户群体、流量规模等关键信息。同时，结合直播电商的需求，对比不同平台的优势和劣势，为选择合适的直播平台提供依据。

任务实施： 四名同学为一组，完成以下任务。

1. 市场调研。通过网络搜索、查阅行业报告等途径，收集市场上主流的直播平台信息，包括平台名称、上线时间、用户规模、主要特点等。

2. 平台体验。选择几个具有代表性的直播平台进行体验，了解平台的界面设计、操作流程、用户体验等方面的特点。

3. 对比分析。对比不同平台在功能、用户群体、流量规模等方面的差异，总结它们的优势和劣势。

4. 撰写报告。将调研和体验的结果整理成报告，包括平台介绍、特点分析、优缺点对比等内容，为后续直播电商活动提供参考。

任务评价： 通过本任务的实施，学生能够熟悉常见的直播平台，了解它们的特点和优势，为后续的直播电商活动选择合适的平台提供依据。同时，学生可以通过实际体验和对比分析提高市场敏感度和分析能力。

知识链接

2.2.1 淘宝直播

一、淘宝直播简介

淘宝直播是阿里巴巴推出的直播平台，定位于"消费类直播"，用户可以边看边买，涵盖的范畴包括母婴、美妆等。

（一）发展历史

淘宝直播自 2016 年 3 月试运营以来，观看直播内容的移动用户超过千万，主播数量超 1 000 人，截至 2016 年 5 月，该平台每天直播场次近 500 场，其中超过 50% 的用户为"90 后"。2020 年淘宝直播的成交额超过 4 000 亿元，直接或间接地服务商家超过 300 万家，其中诞生了近 1 000 个交易额近 1 亿的直播间，90% 的新品牌都已在淘宝直播间开播，而且这些新品牌的成交增幅达到 329%。图 2-1 为手机淘宝首页，其中的淘宝直播用"直播中"字样表示。图 2-2 为淘宝直播全部频道。

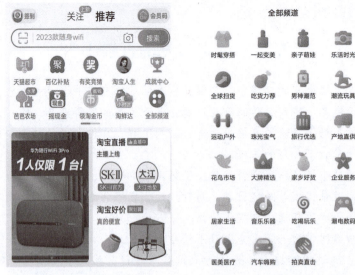

图 2-1　手机淘宝首页　　　图 2-2　淘宝直播全部频道

(二) 产品定位

淘金直播定位于"消费类直播"手淘平台，截至 2020 年 6 月，女性观众占绝对主导地位，占比约为 80%，而每晚 8—10 点不仅是收看直播最踊跃的时段，同时也是用户们最愿意下单的时间。

(三) 产品目标

2020 年 3 月 30 日，在淘宝直播盛典上，淘宝内容电商事业部总经理俞峰宣布，要在 2020 年要打造 10 万个月收入过万的主播，100 个年销售过亿的 MCN，并发布 500 亿资源包，覆盖资金、流量和技术。针对技术，俞峰表示，将整合阿里巴巴经济体内所有资源，让优质内容和直播间被发现，将投入百亿级别流量。

(四) 主播级别

淘宝主播分为 TOP 主播、腰部主播、新进主播。

(1) TOP 主播。

别名：顶级主播。

描述：TOP 主播是淘宝直播平台上的明星，他们通常是 MCN 签约的艺人、大咖或 KOL (关键意见领袖)。这些主播拥有庞大的粉丝基础、高度的用户黏性，以及出色的带货能力和市场号召力。

特点：知名度和影响力极高；拥有稳定的庞大粉丝群体；带货能力强，能显著提升商品销量；与多个知名品牌有合作关系；具备精准的市场洞察力和粉丝运营能力。

(2) 腰部主播。

别名：中坚主播。

描述：腰部主播是淘宝直播平台上的重要力量，他们处于 TOP 主播和新进主播之间，具有一定的知名度和影响力。

特点：拥有稳定的粉丝群体和较高的观众互动度；直播内容质量较高，具备专业性和原创性；

具备一定的营销能力和社会影响力；能为品牌和商家带来一定的曝光和销售转化。

（3）新进主播。

别名：新晋主播。

描述：新进主播是淘宝直播平台上的新生力量，他们刚刚开始直播生涯，正在努力提升自己的影响力和知名度。

特点：影响力和知名度相对较低，但具有发展潜力；关注吸粉技巧、在线时长和直播封面等方面；需要不断学习和积累经验，提升直播质量和用户互动能力；目标是逐渐提升级别，成为腰部或 TOP 主播。

二、淘宝直播的特点

2024 年"双 11"淘宝直播战绩辉煌。截至 11 月 11 日 24 点，淘宝共有 119 个直播间成交额破亿，1 212 个直播间破千万，淘宝直播整体成交金额、购买用户数均实现大幅度同比增长。从淘宝的本质上来讲，它是一个购物的平台，其主要用户是有购物目的的人，这类人群才会打开淘宝，这就导致了淘宝直播沦为"导购员"，这属于用户挑选商家的一种模式。淘宝直播卖货就是主播向观众们讲解产品信息，吸引客户，激发观众的购买欲。直播卖货比传统商场更有优势，不仅增加了流量，降低了商品价格，还节省了一笔营销支出。"网红"直播带货是四方共赢的模式，具有高效率和长期性的特点，同时还具备高性价比和"爆量"，主要表现在以下三个方面。

（1）对于电商平台来说，网红直播带货并没有消耗粉丝，反而通过低价和优惠增强自身的流量能力，这也进一步决定了强者恒强的生态结构。

（2）网红直播带货相较于测评网站，具有更强的互动性和可视化（但对于电子等标准化程度高、低佣金率的品类，测评社区更高效，成本更低）。

（3）对于商家来说，低价不仅换来了销量，也换来了新品的搜索权重，节省了一笔可观的营销支出。

三、淘宝流量逻辑

（一）主播分级运营

淘宝直播已经逐渐从内容过渡到主播的"经验+专业"分级运营的阶段。经验涉及的维度包括：直播场次+时长、平台活动完成率、粉丝留存率。专业涉及的维度包括单场直播栏目设置、有效宝贝投放、月直播订单、进店转化率、订单退货及差评售后服务能力。淘宝流量逻辑如图 2-3 所示。

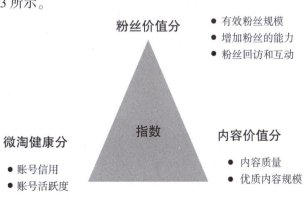

图 2-3　淘宝流量逻辑

获得经验值和专业分的方法如下。

基础经验值任务：每开播 1 分钟即可获得 1 点经验值，每日最多获得 200 点，超出部分不再累加。

附加经验任务：直播间观众产生点赞、评论、关注、分享等互动行为后，平台给予额外经验值奖励，按日结算，每日最多奖励 100 点，超出部分不再累加。

基础专业任务：每添加 1 件商品到直播间即可获得 2 点专业分，按日结算，每日最多获得 200 点，超出部分不再累加，重复添加同一个商品不会额外计分。

附加专业任务：直播间观众通过商品列表进入店铺，或产生购买行为后，平台给予额外的专业分奖励，按日结算，每日最多奖励 100 点，超出部分不再累加。

经验值和专业分数值会带到下一个等级去，淘宝直播的主播们累计的经验值只对主播自己有效，专业分只对主播所属专业类目有效。4 级及以上主播的经验值和专业分数据会存储在底表，前台只展示当月数值，用于每月的 TOP 主播排序。

（二）流量分配

除了主播分级运营，淘宝平台还有一套流量分配规则，主要有以下三个评判原则。

（1）标签竞争。

直播打标签，其实是在给官方和粉丝精准定位直播属性，根据直播属性来匹配对应的流量。但是用标签的人多，可选择的范围也就越多。在标签之下，各位主播将和竞争对手进行流量争夺。

（2）层级攀登。

层级越高，直播权益也就越多，被官方、粉丝看见的机会就越大，自然流量也会往高层级的主播或店铺身上倾斜。

（3）活动排名。

淘宝平台举办的大大小小的活动以及各种主题直播与月终排位赛，都是一次洗牌的过程。把官方活动、官方任务完成得越优秀，排名越靠前，证明有实力，不会浪费官方辛苦"买"来的流量。在流量竞争过程中，合理运用直播标签、攀升直播等级以及把握活动机会，成为上榜排名的几个核心动作。直播界的"按劳分配"，永远是留给少数"冒尖"的人。

（三）内容梳理

在淘宝系里，流量倾斜的判断点，会以内容建设为核心。所以，做好内容建设，是提升流量的核心点。怎样才能做好直播体系的内容梳理呢？可以从以下五个方面来进行。

（1）内容能见度。

内容能见度即内容所能覆盖消费者的广度，主要是通过直播间浮现权重和微淘触达的人群，被覆盖的人群越广，内容能被看见的概率越大。这主要考查直播的运营能力。

（2）内容吸引度。

内容吸引度是以在单位时间内，粉丝能否在直播间进行停留、购买，以及互动动作（评论、点赞、分享等）作为考量，多取决于直播氛围、产品选择和主播引导。这主要考查的是产品构成及主播吸引力。

（3）内容引导力。

内容引导力与内容吸引度息息相关，是从把粉丝留住到引导其进店并主动了解商品的能力，这部分可依靠主播的话术建设来提升。这主要考查话术体系构建和主播控场、吸引力。

（4）内容获客力。

内容获客力代表内容与消费者购买行为产生引导转化的能力，也就是了解产品后进行了购买行为，从前期的"种草"到"拔草"成功，通过内容获得购买商品的精准消费群体。

（5）内容转粉力。

内容转粉力即通过持续性的内容输出，将只是短暂停留的游客变成有目的、停留时间长的"铁杆"粉丝。淘宝为目前直播电商模式最为成熟的平台，主要分为红人带货和商家自播，90%的直播场次和70%的成交额来自商家自播。淘宝直播进店转化率超60%，但退货率较高。淘宝App月活为6.5亿，淘宝直播App月活为7 500万，用户基数庞大，但应用社交属性较低。以后，淘宝将以直播店铺化为主，流量运营私域化、主播孵化精细化，继续发力直播带货。

课堂讨论：淘宝上你认可的主播有哪几个？你是如何关注这些主播的？

2.2.2　抖音直播

一、抖音直播简介

抖音直播实际上就是一种内容变现的模式，这种模式与早期的公众号有着一定的相似之处。抖音直播以内容的方式进行商品的销售，但以这种方式进行带货需要以下两个前提。

（1）优质内容：没有优质的内容无法吸引到消费人群，无法实现观看量与销售量的转换率。

（2）知名网红、主播：没有知名度难以使消费群体信服，如今明星网红越来越受人们追捧。

课堂讨论：关注抖音头部账号，谈谈直播的技巧。

二、抖音的流量逻辑

（一）算法逻辑

抖音的重算法轻粉丝的流量逻辑来自今日头条的成功，作为区别于搜索和社交的信息推荐模型，将内容和用户进行匹配，通过系统进行精准推荐是这个算法的核心。所以，有人又将这个逻辑称为内容导向的计划经济。抖音和今日头条推荐算法背后有一个简单的函数公式：$y=f(x_i, x_u, x_c)$。这个函数包括三个维度的变量，即内容、用户特征、环境特征。

第一个维度：内容。每种内容都有很多标签，什么类别、属于什么领域、播放量、评论数、转发数等，需要考虑怎样提取内容特征来推荐。第二个维度：用户特征。用户特征包括兴趣、职业、年龄、性别等。第三个维度：环境特征。环境特征描述用户在哪里，是在工作还是在旅游，还是在地铁里。简单来说就是我是谁、我在哪儿、我想看什么。若要将这三者匹配起来，是很复杂的数学问题，常用的模型就有好几种。比如，抖音这种数据量大、实时性强的平台，一般是多种模型混合使用。最终，系统会根据多个因素加权计算得出一条视频的指数，然后根据指数进行分步骤推荐。

（二）提升流量的方法

提升流量的方法如下。

（1）冷启动。

视频通过审核后，系统会分配一个初始流量池，初始流量池由两部分组成，即该账号的粉丝和可能喜欢该视频的用户。

①该账号的粉丝：但并不是所有粉丝都能推送，要服从算法优先原则。

②可能喜欢该视频的用户：冷启动推荐有300次左右的播放量，系统会根据数据来给视频加权计算，最核心的数据有4条：转发率、评论率、点赞率、完播率。抖音会根据冷启动曝光产出的数据并结合账号分值来分析是否进行再次推荐。

（2）推荐。

进行加权计算后，符合再次推荐的要求，视频会被推荐到第二个流量池，该流量池有3 000左右播放量。接下来，进行重复操作。统计数据，再推荐，每一次推荐都会获得更大的流量。如果某一次数据不达标，就会暂停推荐。视频的流量也就止步了，最终形成了倒三角推荐机制。抖音的推荐算法机制是著名的信息流漏斗算法，如图2-4所示。

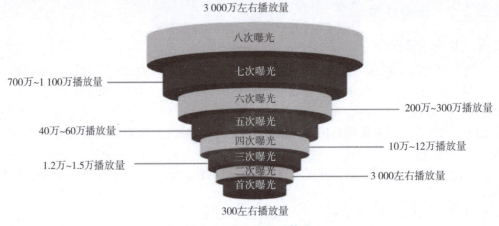

图2-4　信息流漏斗算法

2.2.3　快手直播

一、快手简介

快手直播的玩法不同于淘宝直播，快手是做短视频的，随着平台的不断发展壮大，衍生出了直播带货的功能和视频，保守的玩法就是"拍视频—增粉—卖货"，当然并不仅有快手采用这个玩法，大部分的短视频平台都采用。快手基于"社交+兴趣"进行内容推荐，采用去中心化的市场经济。快手优先基于用户社交关注和兴趣来调控流量分发，主打"关注页"推荐内容。快手的弱运营管控直接"链接"内容创作者与粉丝，加深双方黏性，沉淀私域流量，诞生了信任度较高的"老铁关系"。

二、快手流量分配规律

（一）流量池分配

快手的流量池如图2-5所示，作品因获得不同曝光率而得到不同流量。快手会为任何一个作品（甚至是广告作品）分配基础的播放量（0~200次）。而150~200次这个区间的播放量数据非常重要，因为快手会根据作品的点赞率、评论率及转发率来判定是否要推送到下一个流量池中。

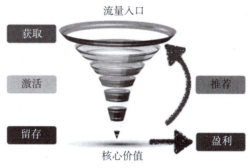

图 2-5　快手的流量池

(二) 叠加推荐

在进行新视频分布的时候，快手系统会分配一定的推荐量，而当短视频的热度不断上升后，系统又会通过加权的方式给予短视频更多的推荐，除此之外，系统还会根据短视频的播完率、点赞数、评论率和转发率得出推荐数。因此，要想获得更高的叠加推荐，可以通过短视频的标题引导用户进行评论等。

(三) 热度加权

快手的热门短视频的播放量一般都是在百万次的播放级别的，它们的点赞数、评论率和转发率也是处于遥遥领先的状态，这是因为这些短视频是经过一层层热度加权的。通常而言，快手各项数据对热度加权影响的重要程度为：转发率>评论率>点赞率。因此，在进行选题时，可以通过热门话题来吸引用户转发、评论、点赞，以增加短视频的加权热度。而若想获得更多的流量池分配资源、叠加推荐及加权热度，还要结合数据分析合理经营自身的账号。

三、快手流量获取的方法

快手模型图可以演示由"陌生人社交"转变为"粉丝老铁社交"，由"公域流量"转变为"私域流量"的快手流量逻辑，发帖人的"风格""人设"越明显、越强大，私域流量就会越紧密，如图 2-6 所示。

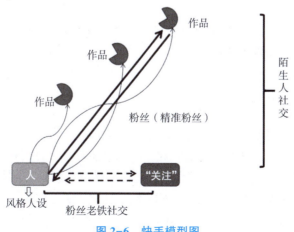

图 2-6　快手模型图

(一)免费流量

在快手上，一般的作者以获取免费流量为主，所以如果能做好免费流量的获取，就代表账号能上热门涨粉。一般的获取方法为，通过视频内容本身获取流量。视频内容一般以搞笑段子为主，给用户带来欢乐或者能让用户产生共鸣。除了内容外，重要的就是封面了。

原理很简单，快手与抖音不同，它的页面上有多个视频的封面，哪个封面更吸引用户，该视频被打开的概率就会更大。有一个好的封面更容易引流，所以要在封面上花心思。

(二)付费流量

快手里面有一个跟抖音一样的功能，就是通过付费来增加作品的曝光量。不过在快手中，这个功能叫作"粉丝头条"，可以将作品推荐给其他用户和自己的粉丝，投放的量级、时间、用户等都可以自己设置。所谓付费流量，就是用钱去购买对应的流量，然后将其变现。

课堂讨论：请试用几种方法提高自己快手账号的粉丝量。

2.2.4　腾讯直播

一、腾讯直播简介

腾讯直播官方于 2020 年 7 月 20 日开启免费入驻通道，以让更多企业和个人参与直播，优化直播生态，促进线上直播的发展，这标志着微信全民直播、人人带货的时代已经到来。

用户下载腾讯直播 App，完成实名认证即可拥有直播权限和电商带货能力。腾讯直播有蓝 V 权益，商家想要拥有更多权益，可通过上传企业营业执照、法人身份证等信息，缴纳 599 元/年的认证费用，升级为腾讯直播蓝 V 用户，享受六大权益——蓝 V 标识、小程序跳转、专属公域流量扶持、优先参与官方活动、专属客服、功能优先体验。其中，较具吸引力的权益是小程序跳转和专属公域流量扶持。于商家而言，前者意味着可以自动开通小程序跳转带货，从而实现从看点直播跳转到自有小程序带货；后者则意味着得到来自微信的公域流量扶持。

此外，腾讯直播官方还开设"腾讯直播小课堂"，免费为所有用户提供腾讯直播产品功能介绍、电商能力和直播带货技巧等。

二、腾讯直播的特点

(一)便利性

腾讯直播诞生于微信体系。它的观看端是看点直播，是微信小程序，通过下拉微信界面就能够一键触达直播间，这个门槛足够低。腾讯直播本身有订阅机制，不亚于订阅号机制，当用户点击"我"的头像订阅，"我"的下一场直播用户就能收到提醒，但是想要每场直播都得到提醒，就需要额外再关注一个叫"看点直播"的服务号，关注后，"我"所有的直播用户都能收到开播提醒。同时，在腾讯直播界面购物是很方便的，直接在直播里面挂上自己的微店或者京东小程序，粉丝就能直接下单。

(二) 私域流量的动员

腾讯其实并不甘心为其他平台引流，具体表现为：原来微信是一个非常收敛的体系，个人微信好友是不能超过 5 000 的，现在已经突破 5 000。所以说，微信迫于抖音和淘宝的竞争，已经放开了对于私域流量的限制。

(三) 裂变机制

裂变机制也就是拼多多、云集、环球捕手这类平台的玩法，通过微信去分发链接完成社交裂变。腾讯直播凭借微信生态，就是一个具有社交机制的直播工具。

(四) 立即互动，眼见为实

淘宝的直播互动就是打折，而腾讯的直播间，你问我答很直接，形成人设和信任关系，让大家认同这个人，活生生的人，能感受得到，不是虚无缥缈的。

课堂讨论：腾讯有很多直播 App，你觉得接下来会有什么变化？

2.2.5　拼多多直播

一、拼多多直播发展历史

2019 年 11 月 27 日，拼多多首次上线直播，同时平台在"百亿品牌补贴"引流高峰位置给予入口，上线当天吸引超过 10 万人观看，拼多多由此也正式进入平台直播带货领域。拼多多的直播入口不在首页，而是分布在各个频道页面的首屏中间。目前，拼多多共有 19 个频道，已有 14 个频道开启"春节直播排位赛"，每个频道中展示 15~20 个直播间。拼多多以社交起家，因此，直播也与社交裂变进行了绑定。当前拼多多直播间主播采用"现金红包吸引+关注+分享好友助力"的裂变形式。拼多多直播可以随时进行拼单，用户点击直播间的购物车按钮即可进行拼单。

拼多多巨大的用户基数注定了它的直播潜力巨大。据 2024 年第一季度财报显示，拼多多年活跃买家数量已达 9.5 亿左右，稳居国内电商平台前列。拼多多直播的潜力在于它有巨大的用户市场。与其他已经成型的直播空间相比，"新的直播产品+新的起点"更加公平，推广力度也更大，对于那些想要尝试直播的卖家和品牌商、中小主播达人或主播运营公司、内容机构而言，这是新的机会窗口。

对商家来说，拼多多会给到一定的补贴，以"红包拉新+社交裂变"的方式帮助商家拉新；对主播来说，拼多多上众多的商家都是潜力商家，只要好好把握，取得成功不是梦。

二、拼多多直播特点

(一) 直播门槛低

只要是一个合规的拼多多店铺，缴纳保证金，类目属于直播开放范围的都可以使用这个工具。平台为了鼓励商家直播，只要开直播，就会赠送推广红包。

(二) 流量的蓄水池

拼多多本身的运营能力就很强，社交裂变能力可见一斑，年活跃用户数超 9 亿，流量很大。现在拼多多直播分享的是平台的公域流量，而且平台对于直播有很大的流量扶持，可以说直播是商家流量的蓄水池，商家可以借此培养自己的私域流量，积累更多的用户。

三、拼多多直播引流方法

(一)优先选择在活动资源位或是正在做推广的商品

拼多多直播最多可以添加 100 件产品，买家可以通过"小红盒"查看。如果小红盒中商品本身的曝光量就很大，就会有更多人进入直播间；对于在活动资源位上的商品，本身就具有"打爆"的潜力，是可以在直播间引起热度、促进转化的商品。

(二)将直播链接分享到微信/QQ 群等社交平台

开播后，商家可以将直播间的链接分享至朋友圈、QQ 群、微博、抖音等处，将其他平台的流量打通，引入自己的直播间，以增加观看量和粉丝量。

(三)利用短信营销工具

短信营销工具的成本低，可以触达大量级群体，是非常高效的。现在短信营销工具也上线了直播专属短信发送场景，商家发送之后，用户可点击短信链接直接跳转至直播间，十分方便、快捷。当然，各位商家还可以提前一两天通过短信进行直播预告，突出直播的时间，并在短信中插入店铺主页链接，来加深用户的印象。

(四)通过多多搜索/多多场景/聚焦展位

多多搜索、多多场景、聚焦展位也推出了直播间推广计划，商家进行相应的设置之后，直播间就会出现相应的广告位，买家点击后可直接进入直播间，操作非常简便。

(五)客服引导

如果有买家在直播前对商品进行咨询，那么客服就可以引导买家观看直播，告知对方不仅有主播试用/试穿等商品讲解，还会有直播间限量折扣等，可以提升直播间的观看量。

课堂讨论：拼多多直播更多是客服这个角色还是在线营销员角色？

任务三　直播运营团队的组建

任务描述：随着直播的日益火热，越来越多的人进入直播行业，这无疑使直播行业的竞争更加激烈，而筹划组建高效的直播团队则成为个人或企业提升直播竞争力的重要前提。那么，如何组建一个高效的直播团队？这就需要个人或企业在明确直播团队岗位设置的基础上，根据自身的需求和预算确定直播团队的组织结构及人员配置。

任务分析：直播运营团队组建任务涉及团队目标、团队结构、人才招聘、培训指导、运营策略、监控调整、激励考核和沟通协作等多个方面。因此，只有充分考虑这些因素，才能组建出一支高效、专业的直播运营团队。

任务实施：运用以下步骤组建直播运营团队。

1. 确定团队目标和定位：首先要明确直播运营团队的目标，如提高品牌知名度、增加用户黏性、提高转化率等。同时，还要明确团队的定位，如专注于娱乐直播、教育直播、电商直播等。

2. 制定团队结构和岗位职责：根据团队目标和定位，设计合理的团队结构，包括主播、副播、助理、场控、策划、运营、客服等岗位。明确各岗位职责，以确保团队成员能够高效协作。

3. 招聘和选拔人才：根据团队结构和岗位职责，招聘合适的人才。在选拔过程中，要注重考查候选人的专业能力、沟通能力、团队协作能力等。

4. 培训和指导：对新加入的团队成员进行培训，使其尽快熟悉直播运营的相关知识和技能。对于有经验的团队成员，也要定期进行培训和指导，以提高团队的整体水平。

5. 确定运营策略和计划：根据团队目标和定位，确定合适的直播运营策略和计划。这包括直播内容策划、直播活动策划、直播推广策略等，要确保策略和计划具有可行性和针对性。

6. 监控和调整：在直播运营过程中，要实时监控团队的工作进展和直播数据，如观看人数、互动量、转化率等。根据数据分析结果，及时调整运营策略和计划，从而优化直播效果。

7. 激励和考核：为了保持团队的积极性和凝聚力，要建立合理的激励机制，如奖金、晋升机会等。同时，要定期对团队成员进行考核，以确保团队目标的实现。

8. 沟通和协作：直播运营团队需要与公司内其他部门(如市场部、产品部、技术部等)进行密切沟通和协作，以确保直播运营工作的顺利进行。

任务评价： 通过上述步骤的实施，可以建立起一个高效、专业的直播运营团队，以适应不断变化的市场需求；通过定期的团队绩效评估，识别问题并寻找改进措施，不断提升团队的整体水平。

知识链接

2.3.1　直播团队的岗位设置

直播团队的组织结构及人员配置因业务需求的不同而不同。在组建直播团队之前，我们首先应了解直播团队的主要岗位设置。一般而言，一个直播团队会涉及主播、副播(副主播)、助理、场控、策划、数据运营、客服、商务拓展等岗位。

一、主播

主播是直播的直接执行者，其工作职责可细化到直播的各个阶段。

(1)直播前：主播需要将直播脚本的内容、商品的特性与卖点、活动、粉丝福利等内容了然于心。只有这样，主播才能在直播过程中更好地发挥个人能力，统筹全场，流畅地进行商品介绍并与粉丝互动，引导粉丝关注和下单。

(2)直播中：主播需要掌控直播节奏，时刻注意自己的个人形象和直播表现，活跃直播间的氛围，促进销售等。

(3)直播后：主播需要参与直播内容的复盘，分析和总结直播的效果并通过微博、微信等渠道对直播进行二次宣传，或不时向粉丝分享福利，以树立个人、店铺及品牌的良好形象，提升个人、店铺及品牌的曝光度，增加粉丝的黏性。

二、副播

一些规模较大的直播团队有时会专门设立副播岗位。副播通常负责在直播间内辅助主播开展直播。例如，主播暂时离开直播间时，由副播继续完成直播；直播时间较长时，还可以由多名副播来轮流替播；或者副播在直播间内与主播配合，协助主播说明直播活动的规则，介绍商品并与粉丝互动，引导粉丝关注和下单等。

三、助理

助理即直播助理，主要负责辅助主播开展直播，是直播前端运营中不常出镜的一个角色。助理的工作内容包括在开播前通过各种渠道发布直播预告，确认商品和道具的准备是否到位，在直播过程中配合场控提醒主播直播活动的关键时间节点。有时，助理也承担副播的工作。

从表面上看，主播、副播及助理的工作主要是面向直播间内的，实际上，他们也会参与直播活动的整个运营环节，包括直播间的搭建、直播前的准备、直播后的数据复盘甚至是选品和制定营销策略。另外，他们也需要给直播团队提供一些信息反馈，如粉丝的需求和喜好等。

四、场控

场控主要负责执行直播策划方案，相当于直播的现场"导演"，要在策划人员和主播之间进行协调。与助理一样，场控也是直播前端运营中不常出镜的一个角色，其具体工作内容如下。

(一)软硬件设备搭建与调试

在直播前，场控需要搭建与调试直播的软硬件设备。软件的测试内容包括音频效果、摄像头分辨率、视频播放的流畅性与清晰度、声音和画面是否同步、直播中购买及评论链接的安全性等。硬件设备调试的对象和内容包括计算机、手机、音频设备(如话筒)、背景布置、镜头设置、灯光设置等。

(二)后台操作

在正式开播后，场控需要跟进主播的直播进程，管理好所有相关的后台操作，包括直播推送、红包发放、优惠券发放、活动报名、公告信息发布、商品上下架及价格调整等。例如，在主播提示向粉丝发放红包或优惠券时，场控就需要配合主播在后台进行发放红包或优惠券的操作。同时，场控还需要在后台进行实时的直播间数据监测，掌握在线人数峰值、商品点击率等数据。

(三)监控异常情况

如果在直播过程中发生异常情况，场控需要将信息反馈给策划，还需要将策划给出的信息传达给助理和主播。例如，当商品库存告急时，场控需要将此信息传达给助理和主播；或者当主播对直播节奏的掌控偏离了原先的计划时，场控需要暗示主播调整节奏，回归直播计划。

五、策划

如果场控是直播的现场导演，那么策划就是直播的幕后"导演"和"全局规划者"。策划主要负责制定直播的策划方案、策划促销活动、设计直播脚本，以及制作、分发各种内容，根据粉丝的不同属性和等级制定不同的福利方案。同时，策划还需要对接企业的其他部门，协调直播团队和企业之间的工作，如组织拍摄预热短视频、进行商品抽样、负责仓库部门的协调工作等。

六、数据运营

数据运营主要负责直播数据的收集、分析并针对数据分析中发现的问题为策划提供直播方案的优化建议，同时可以为直播复盘提供数据支撑。数据收集和分析的工作也可以直接由策划完成，策划通过直播数据分析反映的情况，直接对直播方案进行优化，从而避免在与数据运营沟通交流过程中产生信息损耗的情况。

七、客服

直播间的客服主要起辅助作用，负责与粉丝互动并为粉丝解答疑惑，配合主播的直播，处理商品发货及售后问题。客服需要熟悉商品信息，以便向粉丝准确描述商品的卖点与优势，同时客服还应掌握一定的沟通技巧。

八、商务拓展

商务拓展主要负责商家合作、商品招商等事宜，其主要的工作内容是根据企业业务的发展需求，整合 MCN 中的资源、寻找合作伙伴、完成合作谈判，对合作项目的实施情况进行监督；拓展新的合作渠道，挖掘企业的潜在客户，为企业寻找长期合作伙伴。商务拓展应具备较强的沟通交际能力、组织协调能力、渠道开拓与管理能力。

2.3.2 直播团队的人员配置

组建高效的直播团队需要根据岗位设置进行合理的人员配置。组建直播团队是一个循序渐进的过程，直播团队的人员配置是非常灵活的，可根据个人或企业的业务发展需求和预算来进行合理规划。

一、基础团队

如果个人或企业的预算不高，那么可以组建一个比较精简的基础团队，即配置一名主播和一名运营人员。该配置对运营人员的要求较高，运营人员需同时承担助理、场控、策划、数据运营、客服、商务拓展等岗位的工作。也就是说，运营人员既要懂技术、会分析数据，又要会策划、能控场，还要掌握销售技巧，具备商务拓展能力，这样才能保证直播的质量。

若基础团队只配置一名主播，则存在一定的弊端，即无法实现连续直播，一旦主播无法出镜，就会影响直播的正常进行。同时，基础团队配置的主播要与运营人员默契配合，参与直播流程中的各个环节，以提高工作效率，从而产生好的直播效果。另外，在一名主播和一名运营人员的基础上，还可以增设一名策划人员，负责直播方案的策划工作。

二、标准团队

如果个人或企业的预算充足，或业务规模扩大，可以组建一个标准团队。企业或平台商家在组建自营直播团队时，一般会按直播的工作环节来配置标准团队。标准团队可以设置主播、助理、场控、策划、数据运营、商务拓展六个岗位，其人员配置及分工如下。

主播一名：负责直播，介绍并展示商品，与粉丝互动，引导粉丝关注，参与策划与直播复盘等。

助理一名：协助主播工作，准备直播商品与道具，担任临时主播等。

场控一名：负责软硬件调试及整场直播的后台操作，直播间数据监测与反馈，处理询单、售后问题等。

策划一名：负责策划直播方案，设计商品脚本、活动脚本、话术脚本，负责直播预热宣传策划和粉丝福利方案策划等。

数据运营一名：负责直播间数据收集、分析，提供直播方案优化建议。

商务拓展一名：负责商务合作、商品招商、商品信息整理、对接店铺等。

标准团队是较为成熟的直播团队。当然，也可以在该配置上减少数据运营的人员配置，由策划来完成数据收集与分析工作。

三、成熟团队

随着直播业务的发展壮大，业务需求逐渐增多，如果资金充足，企业或平台商家可以组建一个成熟完善的直播团队，即在标准团队的基础上增设新的岗位或增加原有岗位的配置人数，这样可以细化工作内容，由不同成员完成其对应的工作。团队成员之间相互配合，能有效提高直播的效率和收益。成熟团队的人员配置及职能分工如下。

主播一名：负责直播，介绍并展示商品，引导粉丝关注与下单，复盘直播内容等。

副播一名：配合主播直播，辅助说明直播间的活动规则、介绍商品信息、活跃直播间气氛、担任临时主播等。

助理一名：配合直播间的现场工作，负责摆放商品和道具，发布预热信息，配合主播完成"画外音"互动等。

场控一名：负责调试软硬件设备、上下架商品、更改商品价格、发红包和优惠券等。

策划两名：负责策划直播方案，策划直播前的预热内容，策划粉丝福利方案，设计商品脚本、活动脚本、话术脚本等。

数据运营一名：负责直播间数据收集与分析，提供直播方案优化建议。

拍摄剪辑一名：辅助直播工作，负责商品、主播、直播花絮等的拍摄与剪辑。

客服两名：负责直播间的粉丝互动与答疑，解决商品的发货及售后问题。

直播主管一名：负责主播的日常管理、招聘、培训、心理辅导及招商宣传等。

任务四　直播场景搭建

任务描述： 在直播带货中，"人、货、场"缺一不可。对一场直播而言，好的场景能够增加用户的停留时间，更有效地提高用户转化率。直播间场景搭建的四大因素：背景、设备、灯光、陈列。

根据直播环境的不同，直播可以分为户外直播与室内直播两种类型。相对于户外直播，室内直播更加普遍。室内直播需要搭建实体的直播间并将其作为固定的直播场所。直播团队需要在固定的物理空间内，选择合适的道具并按照一定原则进行摆放，用以打造符合品牌调性和直播间定位的直播场景。

任务分析： 直播场景搭建是一个复杂的任务，需要综合考虑多个因素。各直播团队应根据小组目标建立起一个符合主题、具有良好观看体验的直播场景，为直播运营提供有力支持。

任务实施：

1. 确定直播主题和目标：首先要明确直播的主题和目标，确定直播场景的风格和元素。

2. 选择合适的直播平台：根据直播主题和目标，选择适合的直播平台，如抖音、快手等。

3. 设计直播场景布局：根据直播主题和目标，设计合理的直播场景布局。这包括确定直播的背景、道具、灯光等元素的位置和样式，以营造出符合主题的氛围。

任务评价： 可以从以下几个方面评价直播场景搭建的好坏。

1. 视觉体验：直播场景的视觉效果是否清晰、流畅，画面是否美观、符合主题。这是观众最直接的感受，也是评价直播场景搭建的首要指标。

2. 音质效果：直播过程中的音质是否清晰、稳定，是否存在杂音或干扰。良好的音质能够提升观众的听觉体验，使直播更具吸引力。

3. 内容呈现：直播场景中的内容是否丰富、有趣，是否能够吸引目标观众群体。内容是直播的核心，一个好的直播场景应该能够有效地展示内容，从而使观众产生兴趣。

4. 互动性：直播场景中的互动元素是否充足、有趣，是否能够激发观众的参与度。互动是直播的重要特点之一，一个好的直播场景应该能够提供多样化的互动方式，增强观众的沉浸感。

5. 适应性：直播场景搭建是否考虑了不同设备和网络环境的适应性，以确保观众无论使用何种设备或网络都能获得良好的观看体验。

6. 稳定性：直播场景中的各个元素是否能够稳定运行，如视频、音频、互动等是否出现卡顿、延迟等问题。稳定性是直播场景搭建的基本要求，也是评价其好坏的重要指标。

7. 创新性：直播场景是否具有创新性，能够在众多直播中脱颖而出。创新性能够为直播带来新的机遇和发展空间。

8. 可持续性：直播场景搭建是否考虑了可持续发展的因素，如环保材料、节能设备等。在环保意识日益增强的背景下，可持续性也是评价直播场景搭建的一个重要指标。

知识链接

2.4.1 直播间的场地选择

直播间场景搭建的第一步是选择合适的场所作为直播的固定场地。

一、场地大小

直播场地的大小并非一成不变的，直播团队应根据直播的规模和内容灵活选择。如果是小规模的一般性直播，场地大小控制在 8~20 平方米即可；如果是团队"带货"直播，则可以选择相对更大的场地，场地大小控制在 20~40 平方米即可；如果是个人美妆类直播，则可以选择更小的场地，8 平方米左右的场地即可；如果是服装类直播，选择 15 平方米以上的场地更为合适。

二、场地隔声效果

在选择直播场地时，直播团队一定要检测场地的隔声效果和回声情况。如果场地的隔音效果不好或是人说话时的回声明显，则直播时直播间容易产生杂音、噪声，影响观众的体验。

2.4.2　直播间的灯光布置

好的布光可以让直播间里的人物和物品更加立体、有质感。因为天然的光线遵循自然规律，明暗非人所能掌控，所以直播间需要人为布置灯光来保证光源的稳定，灯具的选择与位置摆放显得格外重要。

一、直播间灯光

（1）主光：应放置在主播的正面，与视频摄像头上的镜头光轴形成 0~15°夹角，从这个方向照射的光充足均匀，使主播的脸部柔和，起到磨皮美白的效果。主光的缺点是从正面照射时会没有阴影，使整个画面看上去十分缺乏层次感。

（2）辅助光：从主播左右侧面呈 90°照射，在左前方 45°照射的辅助光可以使面部轮廓产生阴影，打造立体质感。从右后方 45°照射的辅助光可以使后面一侧的轮廓被打亮，和前侧光形成强烈的反差，更利于打造主播整体造型的立体感和质感。另外，还需要注意光比的调节，避免光线太亮使面部出现过度曝光和部分太暗的情况。

（3）轮廓光：应设置在主播身后的位置，以形成逆光效果。从背后照射出的光线，不仅可以使主播的轮廓分明，更可以将主播从直播间背景中分离出来，突出主体。作为轮廓光，一定要注意光线亮度调节，如果光线过亮会直接造成主播身后"佛光普照"的效果，使整个画面的主体部分过于黑。

（4）顶光：从主播上方照下来的光线，产生浓重的投影感，有利于轮廓造型的塑造，可以起到瘦脸的作用。需要注意的是顶光位置最好不要离主播位置超过 2 米。顶光的优点很多，缺点是容易在眼睛和鼻子下方形成阴影。

（5）背景光：将主播的轮廓打造完毕，直播间会呈现出主播完美肌肤效果，但直播间背景会显得非常黯淡，这时需要设置背景光，它的作用是使室内的光线效果均匀。注意，背景光是均匀灯光效果的，因此灯光应采取低光亮、多光源的方法布置。

二、直播间灯光布置方法

（一）单灯布光

单灯布光常见于 B 站（哔哩哔哩）自媒体单人出镜的视频拍摄，其背景往往以低调为主，适用类型也以评测、科普、讲解等口播型为主。进行单灯布光时，灯光布置在人物侧前方 45°角的位置，灯位高过头顶，再向下扣 45°角来打光，这样的灯光效果更有层次。单灯布光图解如图 2-7 所示。对于在日常家居环境中拍视频、开直播，单灯布光非常好用。

俯视图　　　　　　　　　　　　　　　正视图

图 2-7　单灯布光图解

(二)"1+1"布光

"1+1"布光，是指一盏主灯加一盏修饰灯的效果，修饰灯不用作辅光或者其他光，仅用来对人物面部或者眼神进行修饰。"1+1"布光图解如图 2-8 所示。

如一盏 100 W 的高亮 COB 灯 HC-1000SBⅢ 和一盏美颜修饰灯 LR-313CⅡ，HC-1000SBⅢ 搭配灯笼柔光箱按照单灯的位置布置，只要在人物正前方加上 LR-313CⅡ 环形灯就行了。有了修饰灯的加入，人物面部的光就均匀了许多，更适合经济型直播间使用。

俯视图　　　　　　　　　　　　　　　正视图

图 2-8　"1+1"布光图解

(三)双灯布光

双灯布光多为对角线布光，使用一盏主光和一盏辅光兼轮廓光。由于双灯布光中的两盏灯都得围着人物布光，无法顾及环境，因此背景也是以低调为主，但如果使用了灯笼柔光箱，就可以给整体环境打上均匀明亮的填充光效。双灯布光图解如图 2-9 所示。

在使用双灯布光的中小型场景中，最经济方便的灯光套装是耐思的进取版双灯套装，整个套装包含两盏 100 W 的影视级灯光 HC-1000SBⅢ，还搭配了一个灯笼柔光箱和一个长方形柔光箱以及两副专用灯架。

俯视图　　　　　　　　　　　　　　　正视图

图 2-9　双灯布光图解

（四）三点布光法

三点布光法是种基本的多灯布光法。直播团队可以采用"三点布光"的原则对直播间的灯光进行布置。三点布光法主要应用三类光源，分别为主光、辅助光、轮廓光。

主光即画面中的主要光线，用于照亮画面主体及其周围区域。它是三类光源中最亮的一类，可以由一盏或多盏灯的光亮构成。负责主光的灯具应具备频闪低、发热量低、亮度强的特性，便于为直播间提供充足的亮度。同时，灯具的色温应尽量接近太阳光，以 5 600 K 为宜。直播间较为流行的主光灯具是 LED 灯具。主光的灯具可以安装于画面主体上方作为顶灯，也可以将其放置于画面主体的左前方或右前方。构成主光的灯具应由上向下打光，且应使光线的照射角度与画面主体的水平方向呈 30°~ 45°。

辅助光作为主光的补充光源，亮度弱于主光，一般为散射光源，可以为画面中较暗的区域补光，从而使画面主体的不同角度均有充足的光线，减少其明显的明暗对比。建议直播团队配置带有灯罩的柔光灯具，经过柔光处理后的光源，能令主播长时间注视而不会感觉灯光刺眼。辅助光的灯具一般放置于画面主体的侧前方，由上向下打光，光线的照射角度与画面主体的水平方向呈 30°~45°。辅助光需要与主光形成对照，因此，如果主光灯具安装于画面主体的左前方，辅助光灯具则可以安装于画面主体的右前方。

轮廓光的主要作用是分离画面主体与画面背景，使被拍摄的画面主体的轮廓更明显，提升直播画面整体的纵深感。构成轮廓光的灯具一般可以安装于画面主体的后方、直播间背景墙的顶部。灯具应由上向下打光，光线的照射角度与画面主体的水平方向呈 45°~55°。

直播团队可以参照图 2-10 所示的三点布光示意布置灯具，这样布置的光线可以充分照亮画面主体。如果直播间画面主体所在位置的顶部有灯具，直播团队也可以打开顶部灯具，将其作为另一个主光使用。

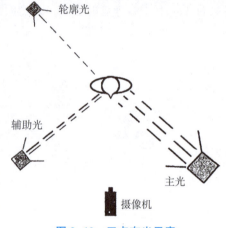

图 2-10　三点布光示意

2.4.3　直播间的背景布置

直播间的背景应根据直播间定位及直播内容来确定，合适的背景可以有效营造直播氛围。例如，背景墙是常见的直播间背景，而除此之外，直播团队还可以通过添加其他装饰物来丰富直播间的背景。

一、背景墙

直播间的背景墙建议以纯色为主，纯色背景墙可以给人以简洁、大方之感，即使在其中添加品牌商标或广告词等元素，也不会显得过于花哨。如果背景墙选用复杂的图案、样式，容易给用户留下"直播间非常杂乱"的印象。

如果是食品类、美妆类直播间，或是目标用户为年轻人的直播间，其背景墙可以使用较为明亮的色系；如果想要营造内敛、神秘的氛围，直播团队可以使用黑色、深灰色的背景墙。

打造背景墙并非必须使用复杂、昂贵的材料，精选合适的贴纸或是绒面的纯布料挂于

白墙之上，也是不错的选择。

二、实物道具

直播间的入镜物品宜精不宜多，有两三件显眼的物品起到突出背景的作用即可。同时，背景道具应尽可能与直播内容相关联，还要符合直播主题的需求。

书架、壁画、沙发等物品可以作为直播间背景道具，这样的道具可以给人以亲切、自然之感。对于服装、日用品类直播间，可以使用衣物陈列架或置物架作为直播间背景道具。

三、绿幕

专业的直播团队也会使用绿幕作为直播间背景。

绿幕是用于拍摄特效镜头的绿色背景幕布，影视剧演员在绿幕前表演并由摄像机完成画面拍摄。经过计算机处理后，拍摄画面背景中的绿幕部分会被抠掉，并替换成其他虚拟背景。绿幕技术是影视剧拍摄中的常用技术。当直播兴起后，这一技术又被引入直播领域，便于直播团队随意更换直播间背景。

使用绿幕的直播团队，在布置好直播间的背景后，可以在直播镜头正对的墙体或其他支撑物上挂一块绿色幕布。需要注意的是，要确保幕布的面积足够大，可以衬托直播镜头中的全部直播画面。如果是知识教学类的直播间，直播团队往往会将直播间背景设置为教学课件；如果是带货类直播间，直播团队往往会将直播间的背景设置为品牌定制的虚拟背景。

四、自然环境背景

还有一类直播是以自然环境为直播背景的。当前较为火热的农副产品产地直播、工业制品的生产车间直播等，即属于此类直播。此类直播向用户展示了其平时较少见到的场景，给用户以真实感、新鲜感。

此类直播间不需要添加过多的装饰元素作为背景，其重点在于选择与直播定位、内容相契合的场景，场景应尽量凸显直播间真实、自然的特质。

以某售卖农产品为主的直播间为例，该直播团队经常将直播间设在所销售农产品的种植产地内，让用户直观地看到农产品的生长环境、培育过程、采摘过程等，或是直接从树上、地里摘取新鲜的农产品进行展示、处理、食用，以此向用户展示农产品的高品质，激发用户的购买欲望。

2.4.4 直播间的结构布局

直播团队在直播间场景搭建过程中，应注意直播间的结构布局。合理的结构布局可以让直播间既不显得狭窄，也不显得空旷。

一、突出景别

即便是较小的空间，直播团队也可以通过突出景别的方法，使直播间在视觉上呈现立体感与层次感，让用户感觉舒适。直播团队可以为直播间设计前景、中景、后景，将直播间的画面切分为前、中、后三个部分。

前景：处于主体前面，靠近相机位置，大都处于画面的四周边缘。

中景：大多指照片中的主体，起到核心的作用。

后景：在主体后面用来衬托主体的景物，对突出主体形象及丰富主体内涵起着重要的作用。

通常一张风光照的主体都是放在前景与中景之间，运用前景和远景为中景服务，能达到突出主体的目的，但主体位置亦不能过于正中，而是放在中间的左或右侧，这样较为活泼。如果主体在正中，很容易被四面的景物重重包围，给人以局促不安、呆滞而缺乏生气的感觉。后景的作用主要是烘托意境、提升画面的美感和增加想象力和感染力。

前景、中景、后景的示例如图2-11~图2-13所示，图2-11中的前景是江堤，中景是江水和船只，后景是对岸的建筑物，主体是船；图2-12中的前景是树叶，中景是游客、石墩、大岩石，后景是远山和天空，主体是游客；图2-13中的前景是右下角的石块，中景是房屋和弯曲的道路，后景是屋后的树；主体是房屋。

图2-11 前景、中景、后景(1)

图2-12 前景、中景、后景(2)

图2-13 前景、中景、后景(3)

二、突出空间线条

主播站立于直播场地的空间线条交汇处，可以起到汇聚用户视线、突出直播间画面空间感的作用。图2-14所示为抖音平台某直播间截图，主播背对直播间两面墙体的结合处，主播的头部则处在屋顶与两面墙体的夹角下方。这样的布局不仅可以使直播间的纵深感更强，还可以使用户的视线十分自然地集中在主播身上。

图 2-14　抖音平台某直播间截图

2.4.5　直播间的声音设置

直播间的声音主要起到调动直播间氛围的作用。直播团队可以为直播间添加背景音乐，但背景音乐的声音不宜过大，如果背景音乐的声音盖过主播说话的声音，则容易影响直播间用户的体验，得不偿失。知识类直播可以使用较为轻柔的背景音乐，或者不使用背景音乐。

如果直播团队配置了带音响功能的声卡，则可以直接利用声卡播放音乐。如果没有，直播团队可以另外配置小型音箱。直播团队应事先对准备播出的音乐进行检查，注意音乐的节奏以及歌词是否与直播间想要营造的氛围相符。同时，直播团队还需要注意音乐的版权归属问题。

无论是刚起步的初创直播团队，还是已具备一定运营经验的成熟直播团队，均需要重视直播设备的选择和直播间场景的搭建与布置。如果直播团队的经费有限，则可以配置基础的设备。即使直播团队的经费充足，也不可随意购置不实用的设备或道具。直播场景固然影响着用户对直播间的初印象，但它对直播活动的影响始终居于次要地位，直播团队应当花费更多精力打磨直播内容、做好宣传预热。唯有优质的直播内容，才能真正赢得用户的信任。

任务五　拍摄直播短视频准备

任务描述：拍摄设备和拍摄技巧在短视频拍摄中非常重要。高质量的设备有更好的视频和音频效果，而掌握相关技巧则能够更好地呈现内容和与观众互动。因此，在拍摄直播短视频之前，直播可以应充分关注设备和技巧的选择和准备，以确保直播的成功。

任务分析：在拍摄直播短视频前，设备准备是确保直播顺利进行的关键一环，需要综合考虑直播的要求和条件，选择合适的拍摄设备、运用一定的拍摄技巧、关注拍摄要点，提高拍摄直播短视频的质量和效果，从而为观众提供更好的观看体验。

任务实施：

各小组直播团队根据选定的拍摄主题准备直播设备和工具，确保直播所需的设备和工具齐全，如手机、摄像机、麦克风、照明设备等。要检查设备的性能和兼容性，确保直播过程中不会出现技术故障。准备适当的背景音乐、音效素材，并调整好音量和混音效果。同时，要确保视频画面清晰、颜色正常，并适当运用特效和动画等手段提升视觉效果。

做好测试和调整工作：在正式直播开始前，要进行多次测试和调整，确保直播场景的各个环节都能正常运行。要注意检查网络连接、设备兼容性、声音效果等方面的问题，如果发现问题，要及时解决。

任务评价：在直播过程中，要不断收集观众反馈和数据分析结果，根据直播销售额对直播效果进行评价，对直播场景进行持续优化和改进。根据市场需求和变化调整直播内容和形式，从而提升直播的吸引力并扩大影响力。

知识链接

2.5.1　拍摄设备

一、主要设备

（一）手机

目前，大家拍摄短视频用得最多的设备是手机。虽然手机不能与专业的摄影器材相比，但是基本上能够满足人们在日常拍摄时对画质的要求。用手机拍摄固然有优势，但是同样有劣势。

（1）手机拍摄的优势。

①方便、轻便。手机已经成为生活必备品，人们将它随身携带，不论是出去游玩时拍照分享到朋友圈，还是日常记录自己和家人的生活，随时都可以拿出来拍摄。

②具有美颜功能。手机拍摄很重要的功能是美颜功能，包括美白、磨皮、大眼、瘦脸等。美颜功能已经成为人们在日常拍摄中需要经常使用的功能，很多女生离不开美颜功能。

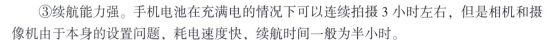

③续航能力强。手机电池在充满电的情况下可以连续拍摄 3 小时左右，但是相机和摄像机由于本身的设置问题，耗电速度快，续航时间一般为半小时。

④具有对焦功能。用手机调整亮度、对焦比较方便。全自动对焦是最简单的对焦方式，也是大多数人常用的对焦方式，焦点的选择完全可以交给手机自动处理。另外，手动对焦是指在拍照构图完成后，用手指点一下屏幕上主体所在的位置，相当于告诉手机这个位置是我选择的对焦点，也可以锁定亮度。

（2）手机拍摄的劣势。

①镜头能力弱。手机镜头的分辨率普遍为 1 000 万像素以上，手机采用数码变焦功能，只能通过软件把远处的图片放大，全靠摄影师移动机身取景，所以图像质量相对于正常情况较差。手机通过数码变焦，把拍摄的景物放大了，但是它的清晰度会有一定程度的下降，也无法拍出背景虚化等特殊效果。

②成像芯片差。受制于体积和成本等因素，手机摄像头的成像芯片大多比较差，导致用手机拍摄出来的短视频在放大后色彩还原度差。

③对光线和设备的稳定性要求高。由于镜头和成像芯片的影响，用手机拍摄短视频对光线要求比较高，在室内或夜晚光线不足时容易成像模糊。另外，用手机拍摄短视频对设备的稳定性要求较高，如发生抖动，即会造成视频模糊。

（二）单反相机

如果想制作优秀的短视频，单靠手机是远远不够的，最好使用单反相机拍摄。

（1）单反相机拍摄的优势。

①成像质量比手机好，拍摄出来的画面更加清晰。

②镜头样式多（比如定焦镜头、短焦镜头和长焦镜头），能够满足更多的素材和场景拍摄要求。如果想突出主体、弱化背景，就可以用定焦镜头完成拍摄。这时背景是模糊的，短视频主体却非常清晰。

（2）单反相机拍摄的劣势。

①过于笨重。常规单反相机的质量为 800～1 300 克，对于要长时间拍摄的摄像师而言，需要具备一定的体力。而手机的质量权为约 200 克。

②调整参数比较复杂。快门、光圈、ISO 感光度这些参数的调整比较复杂。摄像师需要对设备比较熟悉才能操作自如，否则影响拍摄效率。

③电池的续航时间短、容易过热关机。在正常情况下，使用单反相机连续拍摄时长仅为半小时左右，在外出拍摄时要带上足够的备用电池。在选择单反相机时，要注意拍摄目的，是用于拍摄照片还是视频，目的不同，机型不同。

④价格比手机高。入门级单反相机的价格为 5 000～7 000 元。

（三）卡片数码相机

卡片数码相机在价格上与手机差不多，拍摄效果与手机也差不多。卡片数码相机的成像芯片通常不够高级，镜头也不如单反相机的性能好。

（四）数码摄像机

虽然数码摄像机的设计初衷就是用来拍摄短视频，但是它的成像芯片与卡片数码相机的差不多，镜头也比较弱，拍出的效果不佳，而且大多数数码摄像机没有防抖功能，影响了后期剪辑和最后的成片质量。

(五) 业务级摄像机

业务级摄像机的价格较高，起步价为 2 万元，而且操作复杂，耗电量非常大，需要外接电源。

如果没有拍摄人员协助，或者追求轻便、想拍就拍，那么手机更适合；如果有团队支持，团队的编剧能力、表演能力和后期剪辑能力等都比较强，那么一台好的单反相机能让画面质量大幅提升，从而使作品的整体质量更上一层楼。

二、辅助设备

(一) 三脚架

三脚架是所有短视频制作者必备的基础工具之一。三脚架可以完美地解决设备抖动造成的短视频模糊问题。比如，相机比较重，摄像师端久或站久了体力透支造成的晃动。另外，如果人手不够，既要拍摄又要表演，那么三脚架就是最好的帮手。

三脚架分为很多种，有适合相机使用的，也有适合手机使用的，还有适合放在桌面上拍摄的短三脚架。比如，如果要在桌面上拍摄手工制作、写字、画画等短视频，就可以选择短三脚架。

不同的 App 对画面比例的要求不一样，比如抖音要求竖屏、火山要求横屏。如果为了符合平台要求，用竖屏拍一次，用横屏再拍一次，那么不仅费时、费力，而且拍出来的短视频也会有细节差异。这时采用多机位的三脚架同步拍摄，就能大幅提升效率。

(二) 稳定器

当需要拍摄户外的运动画面时，如果摄像师用手端着拍摄设备，那么拍摄出来的短视频画面会抖动得非常厉害，这会降低短视频的完播率。稳定器通过在多个方向安装移动轴，由电脑算出运动中的晃动方向和晃动距离，再施以反向运动抵消运动过程中的抖动。稳定器主要分为两种，即手机稳定器和相机稳定器。

(三) 滑轨

长期使用固定的画面拍摄会显得比较死板。使用滑轨可以让拍摄器材进行平移、前推、后推等操作，使画面更有动感。

(四) 补光灯

室内拍摄使用补光灯非常重要。在正常情况下，室内的灯都是安装在天花板上的，光源从上方照下来打在主播的头顶。若光线只从一个面照射，人物的皮肤是昏暗的，如果没有光影勾勒，即使人特别漂亮，拍摄出来的效果也会大打折扣。若想制造光影，最方便的"神器"就是补光灯。补光灯能照亮人物的暗部，这样就能很好地体现人物皮肤的真实质感。补光(比如轮廓光)不仅能照亮人物的皮肤，而且能制造立体感。当拍摄同一幅画面时，使用补光灯的画面要比不使用补光灯的画面更有质感。

所以，室内拍摄一定要用补光灯，而且最好用两盏以上灯，如果只用一盏灯，就可能

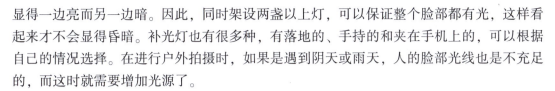

显得一边亮而另一边暗。因此，同时架设两盏以上灯，可以保证整个脸部都有光，这样看起来才不会显得昏暗。补光灯也有很多种，有落地的、手持的和夹在手机上的，可以根据自己的情况选择。在进行户外拍摄时，如果是遇到阴天或雨天，人的脸部光线也是不充足的，而这时就需要增加光源了。

(五) 麦克风

在室内拍摄时，现场比较安静，而且拍摄距离比较近时，手机和相机自带的收音设备是能够满足要求的。但是当拍摄器材距离人物超过 2 米时，人说话的声音会与环境的噪声混杂在一起，收音效果大打折扣，这时我们需要使用麦克风。麦克风分为有线麦克风和无线麦克风。有线麦克风的收音效果要好一些，而且不会受到电池的影响，把它夹在领口即可。

在室外拍摄一些活动的场景，需要走动时，就要用无线麦克风。不论是用有线麦克风还是用无线麦克风，为它们加上防风套可以很好地解决风噪问题。

(六) 镜头

如果经常使用手机拍摄，那么可以购买一些手机镜头，使用手机镜头拍摄的短视频视角更广、成片更专业。

(七) 无人机

在拍摄美景、大型活动时，可以把设备架在无人机上航拍，能够展示宏大的场景与恢宏的气势。

2.5.2　拍摄技巧

一、画质

通常，造成上传视频画质不清晰的原因手机本身的像素不高或者设置不当，这可以通过修改设置解决，但苹果系统和安卓系统手机的设置方法不同，需要特别注意。

(1) 苹果系统设置。这有两种操作：一是打开设置—相机—保留正常曝光的照片；二是打开设置—相机—录制视频—选择 1 080 P, 30 fps/60 fps。

(2) 安卓系统设置。打开相机—设置—分辨率—调整到 1 080 P。

二、构图

构图能让画面有更好的主题表达、视觉重点，以及呈现出画面层次感。大部分人认为，构图只用于拍摄图片，实际上，创作者在拍摄短视频时，也需要讲究构图方式，一段具有高观赏体验的视频是需要通过使用构图技巧来完成的。

(一) 中心构图法：突出主体

该方法是指在拍摄视频时把主体景物放在画面中间，其优点有三个：一是抓拍方便，容易学习，使用范围广泛；二是主体突出明确，容易抓人眼球；三是能让画面呈现上下、左右的平衡效果，视觉观感舒适。其缺点也有三个：一是容易使画面变得凌乱；二是需要谨慎选择主体与背景；三是操作不当会使视频画面变得呆板、沉闷。

要避免中心构图法的缺点，可以参考以下方法。

第一，可以选择简洁或是与主体反差较大的背景，让想表达的内容一目了然，避免画面或背景凌乱。如果没有简洁的背景，就应采取大光圈或长焦距，或使用背景模糊功能，让主体从画面中凸显出来。

第二，在拍摄时可主观创作一个焦点，比如使用光影、景深、线条、黑白等技巧，避免画面呆板、沉闷。

(二)三分构图法：偏离中心更吸睛

三分构图法也称为井字构图法、九宫格构图法，是指把画面九等分，成为一个井字，四条分割线上出现四个交叉点。这也是创作者们最常用的拍摄构图方法，且手机就自带九宫格构图拍摄功能。这种构图方法表现鲜明，构图简练，可用于不同景别。虽然该方法简单易操作，但创作者们还是需要掌握一定的技巧。

第一，人物拍摄。将画面分成上、中、下或是左、中、右三等份，这样就能让粉丝的注意力自然落在画面的三分之二处的位置上，比起中心位置，更能吸引注意力。

第二，风景拍摄。将画面分为三等份，合理地将画面的主体安排在照片的远景中，因为前景与中景的画面缺少聚焦，所以不会有视线干扰，刚好能对画面的层次进行过渡。设置远近，可以给画面较强的纵深感。

(三)三角构图法：形成动态张力

三角构图法是指以三个视觉中心为景物的主要位置，三点连线形成一个三角形，构成三角形的可以是不同视觉元素，也可以是一个元素本身所具有的轮廓。其构图技巧有以下三个。

第一，正三角形构图：底边接近水平，而重心落于底上，会给人一种平衡、稳定的观感，适合拍摄静态的且具有正三角形形态的古建筑，如天坛、金字塔等。

第二，倒三角形构图：与正三角形相反，重心落在尖部，其形态多样，适合拍摄处于运动状态的画面，常用于运动领域的拍摄。

第三，斜三角形构图：是指倾斜度不太高的倒三角，可拍摄静态或动态的画面，运用较为灵活。

其实视频拍摄需要用到的技巧很多，如 X 形构图、S 形构图、放射式构图、对称式构图……此处不进行一一展示。但是不管使用哪种构图技巧，我们都要掌握构图的三个标准：一是构图能主动引导粉丝，让粉丝看到创作者想让他们看到的内容；二是构图能主动表明主次，通过构图决定画面主次内容，让粉丝先看到重要信息，过滤不重要的信息；三是构图能够表达画面的情绪，让粉丝可以直接从画面就感觉喜悦或悲伤。

三、视角

创作者在拍摄短视频的过程中总担心粉丝不理解他们所要表达的意思，甚至误解他们所要表达的内容，而利用镜头的角度拍摄可以有效地帮助创作者表现自己的想法，侧面辅助视频的主题内容，增加画面的视觉冲击力。不同的镜头角度会给空间环境、人物塑造、整体构图、场面调度等带来不同的变化，从而使画面丰富。

(一)平拍

平拍是指拍摄时镜头位置与被摄主体的位置是水平的，从而形成一种平视的拍摄角

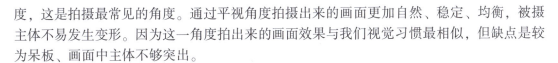

度，这是拍摄最常见的角度。通过平视角度拍摄出来的画面更加自然、稳定、均衡，被摄主体不易发生变形。因为这一角度拍出来的画面效果与我们视觉习惯最相似，但缺点是较为呆板、画面中主体不够突出。

(二)俯拍

俯拍是指拍摄时镜头的位置高于被拍摄对象的位置，是一种从上向下看的拍摄视角。此角度能够更好地表现画面中的景物层次、主体位置、数量等关系，形成一种辽阔、深远、宏伟、纵观全局的视觉感受。俯拍时，镜头越高，与拍摄对象的距离越远，进入镜头画面的元素就越多，画面也就越精彩丰富。俯拍更多用于山川、河流、城市建筑群等大场景的拍摄，也可以用于食物的拍摄，更加能体现出细节。

(三)仰拍

仰拍是指从下往上拍，采用仰拍角度所产生的效果与俯拍正好相反，因为拍摄点距离拍摄对象底部的距离较近，距离拍摄对象顶部的距离较远，根据近大远小的透视原理，这个角度会造成下宽上窄的变形效果，但是它在一定情况下，可以起到四个作用：第一，强调拍摄对象高大的气势；第二，刻画出拍摄对象的更多细节；第三，过滤画面，净化背景；第四，带来更强的空间立体感。

四、距离

简单来说，拍摄距离分为四个等级，分别是远景、中景、近景、特写，简称远、中、近、特。

当我们需要讲述周围的环境或者表达人物与环境的关系时，通常会使用远景的拍摄手法，如图 2-15 所示。

图 2-15　远景拍摄

中景拍摄一般拍摄人物的大半身。中景拍摄的主要作用是讲述人物的性格特点、动作或者行为等，如图 2-16 所示。

图 2-16　中景拍摄

近景拍摄一般拍摄人物胸部以上的画面或者景物局部面貌。近景拍摄主要用于人物对话，展示人物的表情、眼神、内心活动等。近景拍摄的景物如图 2-17 所示。

图 2-17　近景拍摄的景物

特写常用于展示人物的细微动作或被摄对象的一个局部画面。当我们需要表达人物的内心活动时，用特写的形式把人物的小动作拍下来，观众就能明显感受到相应的气氛。局部特写拍摄的景物如图 2-18 所示。

图 2-18　局部特写拍摄的景物

2.5.3　手机拍摄要点

一、自动对焦与锁定对焦

不论是拍照片还是拍短视频，手机都会根据当前主体自动调节焦距。在长按屏幕时出现了锁头标志，这就证明对焦已经锁定。这时，如果我们把手机抬起来，就会发现画面变得模糊，即使没有定焦镜头，也能用这种方法制造出背景虚化的效果。

二、自动亮度与锁定亮度

现在市面上的主流手机有自动改变亮度的功能，在光线太亮的时候会自动把画面变暗，相反，在光线不足时会自动增加亮度，非常方便。有时候如果拍摄环境特殊，光线变化较大，镜头会反复调整，造成观看体验不佳。快速解决这个问题的方法也很简单，同样是长按屏幕，在出现锁定焦距的图标后，上划屏幕可以增加亮度，下滑屏幕可以降低亮度。

三、画面放大的缺点

手机受制于成本和体积，镜头的功能简单，采用数码变焦的形式工作。当我们距离拍摄主体较远，主体在画面内显得过小，不能满足拍摄要求时，如果直接放大画面，效果就会非常差，把画面直接放大后噪点多、颗粒感强，观看效果不好。

四、活用慢动作，呈现不同效果

现在很多手机和相机都配有慢动作拍摄功能，我们要利用这个功能拍摄出优秀的短视频。例如，鸽子拍打翅膀的速度本来是非常快的，但是我们利用慢动作拍摄功能，把动作放慢，画面就具有了艺术感。

五、延时摄影

延时摄影也是一个很好的功能。延时摄影的原理是每隔几秒拍摄一张照片，最终将所有照片合成在一起形成短视频。延时摄影用于拍摄云彩快速流动、车水马龙的场面，用来表现人来人往、时间流逝的效果。

任务测验

一、选择题

1. 在电商直播中，选择合适的直播平台主要应考虑以下哪个因素？（　　）

A. 观众群体　　　　B. 平台流量　　　　C. 技术支持　　　　D. 所有以上因素

2. 为了确保直播过程中网络的稳定性，以下哪项措施最为关键？（　　）

A. 使用高速的宽带连接　　　　　　　B. 准备充足的电量

C. 选择信号好的地点　　　　　　　　D. 提前进行网络测试

3. 直播前的内容策划不包括以下哪项内容？（　　）

A. 制定详细的直播流程　　　　　　　B. 确定直播的主题和目标

C. 忽视观众需求和喜好　　　　　　　D. 设计互动环节和促销活动

4. 在直播过程中，哪种做法最有助于提升用户参与度？（　　）

A. 持续推广自己的社交媒体账号　　　B. 及时回应观众的评论和问题

C. 长时间谈论与产品无关的话题   D. 频繁中断直播去处理私事

5. 对于提高直播视频的质量，以下哪项不是必要的设备？（   ）

A. 高清摄像头   B. 专业的照明设备

C. 高级的后期编辑软件   D. 高性能的计算机

6. 在开始电商直播之前，以下哪项任务是不必要的？（   ）

A. 检查所有商品的库存情况   B. 设置合理的物流和配送计划

C. 购买大量昂贵的礼物用于抽奖   D. 确认直播的时间安排和持续时长

7. 对于确保直播的专业度，以下哪项是重要的？（   ）

A. 穿着得体的服装   B. 使用专业术语解释产品特点

C. 保持背景干净整洁   D. 所有以上选项

二、简答题

1. 请总结直播平台的规则和政策。

2. 试比较总结当下比较热门的直播平台各自的优缺点。

3. 直播运营团队的组建都包括哪些内容？

三、技能实训题

1. 电商直播平台调研。

实训场景：

赵小颖组建的电商直播团队，需要调研各大电商直播平台并进行评价选择。图 2-19 是根据品牌指数排名的十大直播平台，请在对比分析各电商平台的特点后，分析赵小颖团队现在的情况并进行匹配选择。

图 2-19 十大直播平台

实训内容：

(1) 评估各大电商直播平台。

(2) 分析自身团队的 SWOT（优势、劣势、机会、威胁）。

(3)进行直播电商平台匹配选择。

实训目的：

(1)掌握电商直播平台选择评估方法；

(2)掌握各平台规则。

成果形式：

调研分析报告。

2. 组建直播运营团队。

实训场景：

在农产品丰收的季节，为了帮助农民将高质量的农产品直接销售给消费者，请你组建一个直播运营团队。要求：4~5名学生组成小组进行团队建设、直播方案策划。

实训内容：

(1)组内进行各岗位分工：任务明确，职责清晰。

(2)挖掘农产品资源：调研当地的农产品市场，了解各类农产品的特点和优势，初步拟定直播产品。

(3)设计策划推广方案：根据农产品的特点和目标受众，制定直播推广策略，包括直播时间、内容形式、互动环节等。

(4)直播平台选择：分析主流平台的优缺点，选择适合农产品推广的直播平台。

实训目的：

(1)掌握直播运营所需的团队组成，包括主播、导播、编辑、客服等角色，分工合作，确保直播的质量和效果，提升用户体验。

(2)培养良好的沟通能力，包括倾听、理解和表达，在公司内部和外部合作中能够有效沟通和协调，提高工作效率和团队协作力。

(3)增强助农意识，帮助农民销售农产品，通过直播推广，帮助农民将优质的农产品推销给更多的消费者，以扩大销售渠道并提高销量。

成果形式：

各直播团队小组汇报。

项目三 直播电商选品与产品营销

学习目标

知识目标：

1. 熟悉选品的定义
2. 熟悉选品的原则
3. 掌握商品定价的要素
4. 掌握直播间商品配置
5. 熟悉直播电商话术设计要点
6. 熟悉直播电商话术设计原则
7. 熟悉直播电商销售话术框架

能力目标：

1. 掌握选品的渠道
2. 掌握选品的策略、依据
3. 掌握商品定价策略
4. 掌握直播电商的场控技巧
5. 掌握直播电商带货话术

素养目标：

1. 培养爱岗敬业、精益求精的工匠精神
2. 养成节约的习惯，杜绝浪费
3. 遵守平台规则，规范使用直播语言
4. 策划流程细致、注重细节
5. 策划内容应符合直播平台的规则

 **引导案例**

直播间选品标准

在某主播直播带货的过程中，主播及其团队对于上架产品有着高标准、严苛的选品流程。招商组首先进行基本筛选，然后由选品组的专业评审及公司内随机挑选的大众评审亲身体验，做进一步筛查。这种严格的选品流程确保了在直播间上架的商品质量和适用性。

除强大的选品团队外，该主播还拥有一支专业质检团队，成员背景涵盖食品药品监督管理、生物化学、材料科学等领域。他们针对商品的生产、包装、卖点、评级标准以及运输等方面设定了严格的检验标准。质检团队会仔细审查产品的成分是否健康和安全，是否存在潜在的规避法规的问题，还会检验包装上的文字、图案是否符合规范。只有通过了所有这些检查，产品才有机会在直播间上架。这套完整的流程通常需要耗费1~2个月。

思考与讨论：

(1)案例中的团队是怎样选品的？

(2)你觉得直播间选品有哪些原则？

任务一　直播选品

任务描述： 直播选品对于直播电商的发展至关重要。并非所有产品都适合上直播间，因此筛选过程至关重要。主播需要精心挑选符合要求的商品来提高直播间的吸引力和销售效果。

任务分析： 通过学习选品的定义、原则、渠道、策略、依据以及评估方法，学会通过不同策略进行选品。

任务实施： 每3人为1组，完成以下任务。

1. 根据用户画像为18~20岁大学生，选择5个商品。

2. 利用灰豚数据抖音版筛选出价格为50~100元、佣金比例为20%~30%、近30天的大码女装商品。在筛选结果中依次按"昨日抖音销量""昨日转化率""关联达人数"降序查看商品信息；根据排序结果查看中意商品的商品详情，然后对该商品进行监测。

任务评价： 通过本任务的实施，学生可以掌握选品的原则、策略和依据，为后续的产品营销做好铺垫。

知识链接

3.1.1　选品的定义

选品是指根据市场范围内目标客户的需求和公司自身的战略定位，在众多产品或服务中筛选出符合公司定位、满足客户需求且具有竞争力的产品或服务，将其引入销售渠道的过程。这是一项重要的市场营销策略，有助于企业发现最适合经营策略的产品，从而树立良好的市场声誉并提高销售额。选品包括市场研究、竞争对手分析、产品质量评估等环节，需要考虑多方面因素进行综合决策。通过精心选品，企业能够赢得客户认可，建立品牌声誉，实现更高的销售业绩。

选品的核心在于以消费者的需求为出发点。主播在选择产品时，必须从消费者的角度出发，而不是盲目选择，然后试图自己为其创造需求，这种做法注定会以失败告终。选品需要投入大量时间和精力，借助强大的资源整合能力和充足的资金，不断优化和扩展产品品类，持续推出新品，从而激发消费者的购买欲望，活跃直播间氛围。正确的选品策略将有助于提升销售业绩和增强品牌影响力。

3.1.2　选品的原则

在直播选品中，有以下几个基本原则需要遵循，这些原则将有助于确保选品的成功和直播带货效果的最大化。

一、性价比高

作为消费者，在直播平台购物通常有两个主要原因：便捷和价格优惠。因此，高性价比的商品符合消费群体的心理需求。不论在哪个平台上，具有高性价比的产品往往更受欢迎。许多商家会为粉丝提供"全网最低价"的特惠，这种做法不仅确保了粉丝的权益，还建立了粉丝对商家的信任感，提高了他们成为"回头客"的可能性。这种直播带货策略有利于促进销售，并增强消费者对品牌的认可度。

二、匹配度高

无论是达人主播还是商家主播，都应确保产品与直播间粉丝标签或达人标签相匹配。这样既可以保证主播对产品的熟悉程度，也符合粉丝对直播内容的期待，有助于提高商品的转化率。举例来说，让年轻未婚女性直播母婴用品可能缺乏吸引力。同样，如果产品面向年轻消费群体，那么年龄较大的主播不太适合担任直播销售。这种匹配粉丝标签和产品定位的策略能够提高直播带货的效果和成功率。

三、具有独特性

商品的独特性是其一个重要的卖点。作为商家，首先应该深入了解商品特性，找出与其他商品的不同之处，巧妙地展示品牌的特点。只有突出自身的独特特性，才能吸引更多用户。在面对直播中众多商品时，主播可以通过"商品特征＋商品优势＋用户利益"的方式来介绍产品，如"这款衣料透气性好，设计可以正反穿，穿上后感觉别具一格，让您独一无二，现在下单还有买一送一的优惠"。这种方式能够突出商品的独特之处，激发用户的购买欲望，提高商品的吸引力和销售效果。

四、满足用户需求

在直播活动中，商家应选择能够满足活动趋势和粉丝需求的产品。满足活动趋势包括在核心销售日如"6·18"、品牌日等销售高峰期，准备充足的产品，并确保它们符合活动主题，如七夕节的浪漫主题或中秋节的团圆亲情主题，以吸引目标消费人群。此外，商家也应重视用户需求，积极搜集粉丝期望在直播中看到的产品并据此补充产品，及时满足用户需求。这种策略有助于提高直播带货的效果和用户满意度。

五、应季流行

每个季节都会有其独特的畅销产品，因为大多数用户会在对应季节购买相应的产品。如果在夏天销售冬季才会用到的产品，销量必然不会太高，因此最好选择与季节相关的产品进行直播销售。例如，在夏天可以推销风扇、蚊帐、空调等产品；而在冬天则可以销售棉手套、羽绒服等产品。根据季节变化推出合适的产品，能够更好地满足消费者需求，从而提高销售量。

要抓住旺季的机会，选择合适的产品至关重要。主播可以根据市场趋势、用户购买习惯以及各平台最近的销售数据，选取最具销售潜力的产品。举例来说，夏季是防晒用品需求旺盛的时候，如果推广防晒用品，可以很好地满足用户需求，促使成交更为顺利，销量必然会大幅增加。正确选择产品，顺应市场需求，是提高销售业绩的关键。

六、有品质保障

在选择商品时应挑选品质优良、质量过硬的知名品牌，商家应该对品牌进行深入了解和分析，包括品牌的历史发展、产品特点、目标用户群、竞争对手以及行业背景等方面。只有推荐得到用户好评的产品，才能持续赢得消费者的信赖和支持。

3.1.3　选品的渠道

选品的渠道有线上和线下两种，每种渠道都有其优势和劣势，商家和主播需要根据自身情况灵活选择。

一、线上渠道

在线上渠道中，商家享有不需要囤货的优势，省去了库存压力，发货更加便捷高效；然而，缺点是有时无法亲自查看实物，导致难以控制产品质量。主要的线上货源渠道包括抖音精选联盟、批发网站以及其他电商平台。

(一)抖音精选联盟

抖音精选联盟是连接商家和主播的选品库。商家符合条件后可以入驻抖音精选联盟，将自己的商品上架，主播可以选择符合自身定位的产品，试用后制作分享视频或直播带货，当产生订单时，平台会按期与商家或主播进行结算。通过该平台，商家和主播可以查看带货数据和收益情况，保持公开、透明，避免不必要的纠纷，从而更专注于分享产品。这种模式有效地促进商家与主播间的合作，提升直播带货效率。

然而，这种渠道对主播的带货能力要求较高。如果主播的粉丝数量有限，销售能力较弱，那么可选择的商品就会受到限制。

(二)批发网站

批发网站是许多新手商家和主播选择的选品渠道，其中较为知名的如1688阿里巴巴采购批发网。这些平台提供很多一手货源，价格相对较低，而且一些平台还支持一件代发。图3-1所示是1688阿里巴巴采购批发网首页。利用批发网站可以方便获取成本较低的产品。

图 3-1　1688 阿里巴巴采购批发网首页

　　1688 阿里巴巴采购批发网是全球企业间的电子商务平台，为广大网商提供大量商机信息和便捷安全的在线交易市场。该网站精选热销新品和优质商家，为用户提供采购批发的指南并提供优质折扣货源，让用户购货更加放心省心。通过 1688 阿里巴巴采购批发网，用户可以轻松获取各类优质商品。

(三) 其他电商平台

　　比较有名的其他电商平台有以下几个。

　　(1) 53 货源网。

　　53 货源网(图 3-2)是一个专业的供货平台，为商家和主播提供丰富的产品选择和方便的采购渠道。通过 53 货源网，用户可以轻松地获取高质量、多样化的货源，满足各种销售需求。这一平台为商家提供了简单、便捷的购物体验，有助于拓展业务和提高销售效率。其中的产品包括了服装、箱包、鞋帽等，由 2 万家厂家直接供货。

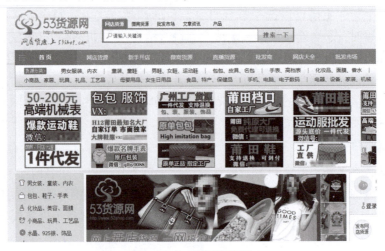

图 3-2　53 货源网首页

（2）义乌购。

义乌购主营小商品批发，种类齐全，如图 3-3 所示。

图 3-3　义乌购网站首页

（3）云车品。

云车品（图 3-4）是一个提供汽车相关商品的网站，为用户提供多样化的汽车用品选择，涵盖了从汽车配件到装饰用品的各类商品。用户可以在云车品上方便地找到所需的汽车用品，选择适合自己车辆的配件或装饰品。这一平台致力于为广大车主提供方便快捷的购物体验，从而满足他们对汽车用品的需求。

图 3-4　云车品网首页

（4）工品优选。

工品优选（图 3-5）是一个专业的工业品采购平台，为企业和个人提供各类工业用品的选择和采购服务。工品优选涵盖了从机械设备到工具配件的广泛范围，为工业领域的采购提供便捷、高效的解决方案。

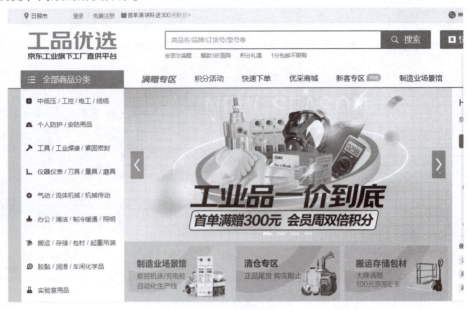

图 3-5　工品优选首页

（5）货捕头。

货捕头是电商服饰批发、一站式采销平台，如图 3-6 所示。

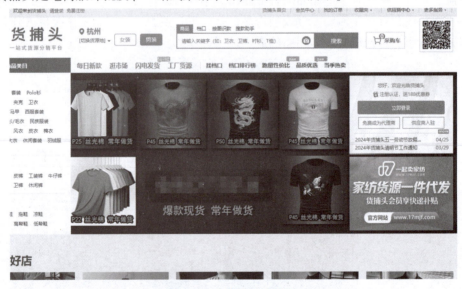

图 3-6　货捕头网站首页

此渠道的缺点在于，由于大家都想销售热门商品，竞争势必十分激烈。因此，商家和主播在选择商品时应该评估该类商品在直播电商平台上的竞争情况，应尽量选择在其他平台上热卖但在自己所在直播平台尚未被充分发掘和利用的商品，以降低流量竞争，以期获得更好的效果。选择市场上尚未受到过度开发的产品可以有效缓解竞争压力，提升销售表现。

二、线下渠道

线下渠道更适合资金实力强大的商家和主播，他们可以更好地控制货源和商品品质。不过，线下囤货可能会面临较大的压力，也会增加额外的人力成本。商家和主播在选择线下渠道时应权衡利弊，确保能够有效管理成本和提升效率。

目前，线下渠道主要有以下四类：批发市场、厂家进货、通过品牌积压库存进货、通过人脉关系寻找货源。不同的线下渠道提供了多样化的采购途径，供商家和主播选择，以满足其实际需求。

(一)批发市场

虽然厂家能够提供独家货源，但在一般情况下，厂家是与大型客户合作，对小商家不太开放。相比之下，批发市场提供的商品价格通常更为实惠，因此是商家首选的线下采购渠道。批发市场的商品种类繁多、数量充足、供应商众多，购买者有更大的选择空间，也更容易比较价格和质量。批发市场尤其适合兼职销售者，购货时间和数量较为灵活。由于批发市场的低价格，所以实现薄利多销更为容易。这些特点使得批发市场成为广大商家的理想采购地点。

相较其他渠道，批发市场是新手商家不错的选择。如果主播所在城市附近有大型批发市场，建议前往考察。与批发商频繁交流不仅有助于主播了解市场行情，还可能获得更优惠的批发价格。这种亲自体验和交流的方式有助于使主播和商家建立合作关系，提高商品采购效率，是探索直播带货行业的有效途径。

(二)厂家进货

商品从生产厂家到消费者手中经过多个环节，基本流程如下：原料供应商→生产厂家→全国批发商→地方批发商→终端批发商→零售商→消费者。这一流通链条说明了商品从生产制造到最终销售，经过不同层级的批发商和零售商，最终到达消费者手中，实现商品的流通和销售。

如果主播有稳定的进货量且能直接从厂家进货，将有机会获得理想的价格优势。正规的厂家通常货源充足、信誉良好，与之长期合作后，通常能享受商品调换和退货还款等便利服务。然而，有能力直接从厂家进货的小商家并不多见，因为大部分厂家倾向与大型经销商合作。以服装为例，厂家常要求的起批量至少为数百件甚至上千件，因此对于小商家而言，很难满足合作条件。

(三)通过品牌积压库存进货

由于一些品牌商品存在积压库存问题，而这些剩余库存被批量转售给专业网络销售商，这些品牌商品仅在特定地区积压，通过网络销售，能够在其他地区找到销售机会，因为网络销售的覆盖面广，品牌商品的积压库存具备转化为热销商品的潜力。

(四)通过人际关系寻找货源

人际关系是一种无法用金钱衡量的无价资源，被视作企业的潜在无形资产。利用人际关系寻找货源不仅可以省成本，还能提高商品采购的保障和品质。这种关系网络对于建立业务信任和推动成功的商业合作至关重要。

3.1.4 直播选品策略

在直播活动中，一些直播团队会组建数十名选品工作人员，以确保找到合适的直播商品，这凸显了选品过程的重要性。直播选品对于许多新人主播来说是一项重要挑战，因为选品错误可能直接影响直播间的商品转化率，甚至影响主播的声誉。因此，大家在进行直播选品时，需要掌握一定的策略和技巧。

一、根据市场趋势选品

水果商店通常在夏季销售西瓜、荔枝、火龙果等水果，而在冬季则销售冬枣、甘蔗、柚子等水果；电器商店在夏季销售冰箱，在冬季销售暖炉……其他线下门店也会根据市场趋势调整销售商品。在线直播中，主播同样可以根据市场趋势有针对性地选择商品进行直播销售。

二、根据直播行业风向选品

主播可以利用直播数据分析工具来查看不同直播平台上商品和行业的信息，获取销售情况良好的商品和近期热销商品的数据，以便判断适合自己的商品。例如，可以使用灰豚数据来查看直播商品的销售情况。通过数据分析，主播可以更好地了解市场需求，指导选品决策，提升直播带货效果。

（1）打开灰豚数据官方网站，登录账号后，在左侧的"商品"栏中选择"商品搜索"选项。在上方的搜索框中输入相关的商品关键词，然后单击"Enter"键以进行搜索，详细操作指引请参考图3-7。这一步骤可以帮助主播快速查找到关键商品的销售情况和数据信息，辅助其作出更明智的选品决策。

图3-7 输入商品关键词搜索

（2）在搜索结果中，默认显示的是不限时间范围的商品综合排序数据信息。为了查看近7天的商品数据，请单击时间栏中的"近7天"超链接，以查看这段时间内的商品数据信息。其具体操作指引请参考图3-8。通过查看近期表现，主播可以更加有效地评估商品的热度和销售情况，作出更有针对性的选品决策。

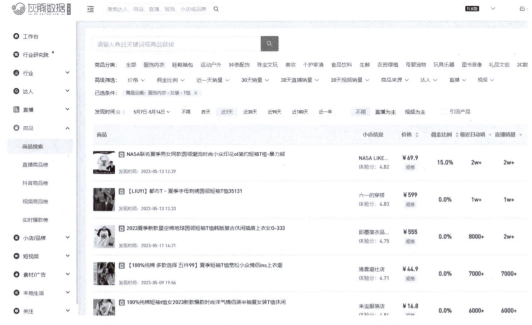

图 3-8 查看近 7 天的商品数据信息

（3）在"高级筛选"栏中，单击"价格"超链接，然后在弹出的列表中选择"100-300"选项，设定价格筛选条件，详细操作步骤请参考图 3-9。通过设定价格筛选条件，主播可以更精准地筛选出符合预算要求的商品，优化选品流程并提高销售效率。

图 3-9 设置价格筛选条件

（4）单击"高级筛选"栏中的"佣金比例"超链接，在弹出的列表中选择"20%-30%"选项，设定佣金比例筛选条件，具体操作步骤可参考图 3-10。通过设置佣金比例筛选条件，主播可以更好地筛选出佣金比例适中的商品，从而提高收益并优化商品选择策略。

图 3-10　设置佣金比例筛选条件

（5）单击"商品列表"中的"商品"选项，在打开的页面中可以查看商品的详细信息，具体操作如图 3-11 所示。页面左侧展示了商品的名称、分类、好评率、品牌以及店铺信息，单击商品名称超链接可查看商品的详细说明；页面右侧默认显示商品的数据概述，包括抖音销量、浏览量、转化率以及直播销量等信息。此外，选择"带货达人""观众画像""评价分析"等选项可查看相应信息。通过综合分析商品信息，主播可以了解目标消费者群体以及商品销售趋势等情况，更精准地选品，提升直播带货效果。

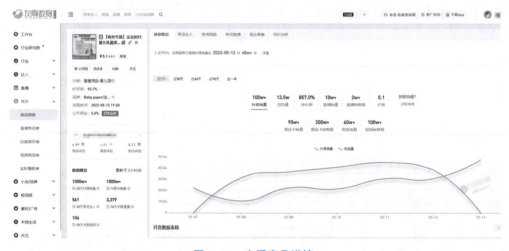

图 3-11　查看商品详情

（6）单击"商品"栏中的"直播商品榜"选项，接着依次在"优惠价"栏中单击"1-50"超链接，在"佣金比例"栏中单击"20%-30%"超链接，在日期栏中单击"周榜"超链接，以筛选出符合以上条件的商品，如图 3-12 所示。通过单击商品缩略图，可以进入商品详情页，查看商品的详细信息，了解目标消费者和销售情况等。这一步骤有助于主播更全面地了解各商品的推荐情况，优化选择过程并加强直播带货的效果。

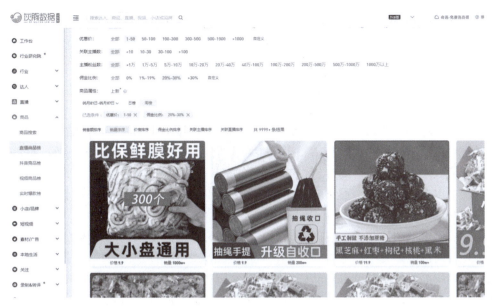

图 3-12　设置筛选条件筛选商品

(7)将鼠标指针移至商品缩略图上，然后单击"申请拿样"按钮以弹出二维码，如图 3-13 所示。扫描弹出的二维码，可以与商家取得联系，申请样品，从而完成直播带货的对接工作。这一步骤有助于主播获取实际商品样品，促进与商家的合作对接，提高直播带货的流畅度和效果。

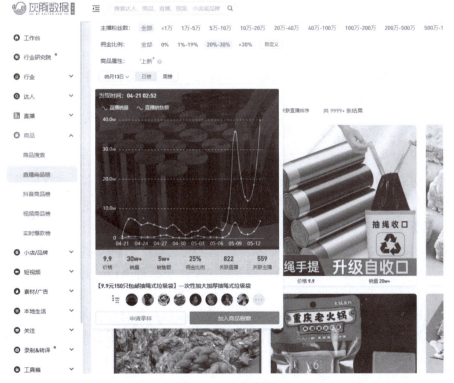

图 3-13　申请拿样

三、根据用户画像选品

用户画像是一种根据用户的社会属性、生活习惯和消费行为等信息，抽象出的标签化用户模型。构建用户画像的关键在于对用户进行标签化，即根据分析用户信息得出的高度精练的特征标识。通过用户画像，能更好地了解用户群体的特征和偏好，有助于精准定位目标客户群，提升营销策略的有效性。

例如，假设某用户频繁在直播平台购买玩具，平台便会据此为该用户贴上"有孩子"标签，甚至可推断出孩子的大致年龄，进一步贴上"有1~3岁孩子"等具体标签。这些标签综合起来形成用户画像，比如"经常购买玩具的家长，有1~3岁的孩子"。通过这些信息，直播平台可以向用户精准推荐更多关于1~3岁孩子的玩具，提升用户购物体验和满意度。

用户画像通常包括性别、年龄、地域、职业、消费偏好、消费能力、购买周期等信息。商家可以通过用户画像了解许多细节，并根据这些信息精准挑选相应的商品。不同的用户群体对商品类型有不同需求。例如，若用户主要为男性，则主播最好推荐科技数码、游戏、汽车用品、运动装备等商品；若用户主要为女性，则主播最好推荐美妆、服饰、家居用品、美食等商品。只有选择符合用户画像的商品，才能提高转化率。通过了解用户画像，商家可以更好地满足用户需求，提升销售效果。

四、根据主播的人设定位选品

主播在选择商品时，应根据其人设定位产生的客单价为主要指标。客单价是指每位消费者平均购买商品的金额，即平均交易金额。客单价的计算公式为：客单价＝成交金额÷成交用户数，或客单价＝每笔单价×人均交易笔数。例如，某日，某店铺在11：00到12：00共有10位消费者进行交易，总成交金额为12 000元。其中9位消费者每人各成交1笔订单，1位消费者成交了3笔订单。那么，在该时间段内，该店铺的客单价计算为：客单价＝12 000÷(9+1)＝1 200元，或客单价＝[12 000÷(9+3)]×[(9+3)÷10]＝1 200元。客单价是评估消费者购买力和交易情况的重要指标，主播可以根据客单价数据优化商品选择，提升直播销售效果。

客单价一般可分为三个档次，即低客单价、中客单价和高客单价。在直播带货中，通常认为低客单价商品价格在50元以下，中客单价商品价格为50~100元，而高客单价商品价格则在100元以上。针对泛娱乐、专业和专家等类型的主播，可以根据自身设定的定位，依据不同的客单价水平进行商品选品。将商品按照不同客单价水平进行分类，有助于主播更有针对性地选择商品，推动直播交易的成功开展。

五、根据直播账号的内容垂直度选品

在直播行业中，很多头部主播已经转型为多品类带货，然而对于非头部主播而言，过多的多品类或跨品类带货并非合适的选择。对于专注于垂直内容(持续输出某一细分领域内容)的主播来说，尽管在选品方面受到一定限制，但根据其内容专业领域精准选择商品，可以更精准地定位目标受众。以育儿类主播为例，可以选择与育儿相关的商品，如奶粉、奶瓶、纸尿裤、湿巾、睡袋、便携保温杯等。通过专注于特定领域的内容输出，这类主播能够建立更深入的受众基础，并在选品过程中更具针对性。这种精准的选品方式可以增加购买意愿和信任度，提升直播带货的效果。因此，垂直内容主播应根据自身领域特长，选择符合受众需求的商品，实现与受众之间更紧密的连接和互动，这有助于提升直播带货的

成功率。

六、根据市场热点选择

与短视频内容需要贴合市场热点的逻辑类似，直播带货的选品也可以根据市场热点进行选择。例如，端午节时全民都在享用粽子，中秋节时人们纷纷品尝月饼，或某个时间段里某知名艺人或直播达人推广了某款商品，这些都是主播可以结合的市场热点。根据时事热点和流行趋势，选择符合当前市场需求的商品，能够引起更多受众兴趣，增加直播带货的吸引力和影响力。

因为用户目前对这些商品保持高度关注，即使不立即购买，也会积极在直播间展开热烈讨论，从而提升了直播间的人气。这种情况吸引了更多用户进入直播间，进而在一定程度上提升了其他商品的销售量。这种市场热点选品策略促进了直播间互动和用户参与度，有助于提高直播带货的整体效果和成功率。

3.1.5　选品的依据

不论是短视频还是直播带货，选品都是影响销量的重要因素。商家通常会根据一定条件来筛选商品，这就是选品依据。直播带货选品依据包括以下几点。

一、是否符合市场趋势

观察市场趋势是选品的第一步，因为市场趋势是对消费者需求变化的验证。在观察市场趋势时，商家通常会从以下几个方面展开分析。

（1）观察品类整体趋势是选品的第一步。若某品类销售情况呈快速增长态势，表明该品类商品需求正在扩大，具备良好的市场空间。对品类整体趋势进行分析有助于商家把握消费者需求的变化，选择适合市场的商品进行带货推广。

（2）关注细分卖点的趋势是选品决策的关键。细分卖点涵盖款式、技术、成分、口味等方面。品类中细分卖点的不同体现了竞争格局的变化，如果自家商品具有优势的细分卖点，更有可能在竞争中脱颖而出。认真研究细分卖点趋势有助于商家识别市场变化，精准选择有竞争力的商品进行销售推广。

（3）关注价格带趋势也是选品的关键之一。有些品类倾向于保持平价定位，而其他品类可能逐渐朝高端化发展。了解价格带趋势有助于商家更准确地把握购买者的消费能力，进而制定更合理的定价策略。通过对价格带的趋势研究，商家可以更好地满足消费者的需求，有更好的销售表现。

（4）关注讨论度和热点话题的趋势也是选品策略的一部分。在直播电商领域，商品的讨论度直接带来更多曝光机会，商家可以根据热点话题选择相应商品，利用话题热度吸引更多关注。充分把握讨论度和话题趋势，有助于商家提高商品的曝光率，加强用户关注度，从而促进销售量的提升。

二、是否有优质的商品体验

优致的商品体验能够积累正面口碑，促使品牌获得用户原创内容（UGC）曝光，为品牌带来更多无偿的用户推广。

优质的商品体验能够提高店铺和商品的评分，而高评分有助于引发更多自然流量的访问。相反，如果商品评分过低，可能会导致店铺的流量受限。因此，重视商品体验对店铺的在线影响至关重要。

优质的商品体验有助于提高消费者的复购率，建立忠诚客户群体，为品牌带来稳定的长期收益。这体现了商品体验对于维系和吸引客户的关键作用。

三、是否便于用视频化语言进行内容呈现

在直播电商平台上，商品主要通过短视频和直播展示，因此，商品的卖点必须充分呈现出来，以吸引观众的注意。为了达到这个目的，以下是一些常见的理念。

(1)对于服装、珠宝、首饰等主要以外观和款式为卖点的商品，通常需要设置合适的拍摄机位，确保商品的呈现清晰完整。可配合合适的模特进行穿戴展示，以展现产品设计的优势。这样的展示方式能够更好地吸引观众的目光，突出商品特色。

(2)对于以功效为主要卖点的化妆品、护肤品等商品，可通过现场试用讲解的方式展示。重点展示商品使用前后的效果对比，突出商品的功效和实际效果。这种方式能够直观地向消费者展示产品的实际效果，增强产品的吸引力。

(3)对于需要激发感官体验的商品，如食品等，可通过现场试吃来突出感官享受，或通过近距离拍摄展示商品的色泽等细节，强调商品的高品质。通过展示商品的实际味道和质感，观众能更真实地感受到商品的优势和特色，这样的展示方式能增加产品的吸引力，有助于提升观众的购买欲望。

3.1.6 测品的方法

一旦潜力商品被筛选出来，商家需要通过充分的产品测试来验证其销售潜力。常见的产品测试方法如下。

一、短视频测品

商家可以为待测商品制作多组带货短视频，在不同销售话术和展示场景下同时发布。通过观察视频的点击转化、点赞和评论数据，可以评估该商品的销售潜力，也有助于评估不同销售话术和展示形式的效果。对于多款相似商品的优先级确定，商家可以进行相似的短视频带货测试，选择销售表现更佳的商品作为主力销售商品。通过这种测试方法，商家可以更好地了解潜在消费者的偏好和选购行为，提高商品的销售成功率。

二、直播间挂链接

直播间挂链接是指在直播过程中同步上架几款备选商品，不进行详细讲解，只观察它们的自然点击情况和转化数据。这种方法简单且成本较低，商家可根据观测结果实时进行调整。当某产品的自然转化表现良好时，商家可随即安排主播进行介绍，进一步测试其转化效果。通过这种分步测试方式，商家可以更灵活地确定商品选品策略和营销策略。

三、直播间互动

在直播节目中，主播可以通过主动提问的方式了解观众的需求，例如描述特定的生活场景并引发观众的共鸣。通过直接询问观众是否在生活中遇到类似情况，主播可以快速了解产品解决的需求痛点。若观众积极回应，则表示对该产品有较高需求潜力。这种互动方式不仅帮助主播了解观众需求，也提升了观众的参与感和体验。通过与观众的互动，主播可以更好地推广符合需求的商品，从而提升销售效果。

任务二　产品定价

任务描述：产品定价是一个复杂而深奥的环节。在竞争激烈的市场环境中，商家必须精准制定定价策略，以确保商品成功销售。掌握适宜的定价策略是企业实现长期盈利和保持市场竞争力的重要一环。

任务分析：通过学习产品定价的定义、要素、策略，学会通过不同策略进行产品定价。

任务实施：每2人为1组完成以下任务。

选择一类商品采用五种定价策略为产品定价并描述定价的理由。

任务评价：通过本任务的实施，学生掌握产品定价的要素和策略，为后续的产品营销做好铺垫。

知识链接

3.2.1　产品定价的定义

产品定价是市场营销学中至关重要的一环，专门研究商品价格的制定和调整策略，旨在获得最佳市场推广效果和最大收益。在直播电商领域，商品种类繁多，为成功销售商品，商家必须精通合理且具有特色的定价策略。定价决定了商品的销售量和利润水平，是营销策略中不可或缺的一环。

随着网络信息的公开透明，消费者可以轻松获取同类商品的价格信息。一方面，如果商品定价过高，缺乏其他显著竞争优势，消费者可能转向价格较低的竞品。另一方面，过低的定价虽能增加销量，但可能降低总体利润率。因此，定价策略的制定需要综合考虑产品特性、市场需求和竞争环境，以实现销售和盈利的平衡。

3.2.2　产品定价的要素

在商家制定产品定价时，需要考虑众多情况，特别需要注意以下要素。

一、市场竞争情况

商家在设定商品定价时，应考虑周围竞品的定价策略，并进行深入的考量，以确立适合的价格。商品价格的吸引力直接影响消费者的购买意愿和数量。若价格具有吸引力，则通常能获得较高的销量。因此，制定吸引消费者的定价策略至关重要。

二、市场的性质

商家在制定定价策略时需要考虑消费者的消费习惯，因为一旦消费者养成了使用特定品牌商品的习惯，他们就不太可能轻易改变。消费者对特定品牌的忠诚度对定价策略和销售具有重要影响。

商家在制定定价策略时需考虑销售市场规模，确定目标消费群体，了解该消费群体构成的市场动向。针对不同规模的市场定位和消费趋势，商家可以更准确地制定适合市场的销售策略和定价方案。

三、销售策略

商品销售策略应根据商品性质、企业形象和店铺特点进行制定。高品质品牌商品通常定价较高。流行期商品也可定高价，因为在流行结束后通常需要降价。过时商品应设置低价，以促销清货。综合考虑商品特性、市场趋势和竞争状况，制定合适的定价策略对于商品的销售至关重要。

四、商品形象

一些历史悠久、商品品质优良的品牌店铺，以周到的服务和良好口碑在消费者心目中树立了良好形象，成为消费者的首选。对于这些店铺，其商品定价可以稍高，因为消费者愿意为其优质的产品和服务支付更高的价格。

3.2.3 产品定价策略

在直播带货过程中，商品定价是影响转化率的重要因素。拥有合理的产品定价策略，让主播使用精巧话术可以更有效地促进消费者下单，取得理想的销售表现。主播在直播节目中通常可以运用以下几种常见的产品定价策略。

一、尾数定价策略

尾数定价策略是一种在制定商品价格时常用的方法，根据消费者追求物美价廉的心理特点，设定价格为非整数，如9.8元、19.9元和25.68元等，旨在让消费者觉得商品的价格更为实惠，从而刺激购买欲望，促进销售。尾数定价策略在各类零售场所广泛应用，包括便利店、超市和百货商场，涵盖日用品到家电等各类商品。在直播带货过程中，商家也经常采用尾数定价策略来制定商品价格，以激发消费者购买欲望，提升销售表现，如图3-14所示。

相关研究显示，为方便选择，消费者常会以价格分组方式对商品进行归类。例如，一双售价为198元的鞋可能被消费者认定为"一百多元"价格分组；而如果这双鞋定价207元，就会被划分到"两百多元"价格分组中。尽管实际价格仅相差9元，但消费者会认为它们不在同一价格范围内。基于这一认知特点，尾数定价策略成为一种简单实用的商品定价策略。

二、商品组合定价策略

商品组合定价策略基于"有买有赠"的概念来设定商品价格。典型做法是将高价商品与低价商品(作为赠品)组合在一起销售，特别是在推广高客单价商品时，常常通过搭配中低价赠品满足消费者的"有买有赠"需求。这种策略能够吸引消费者的注意力，从而

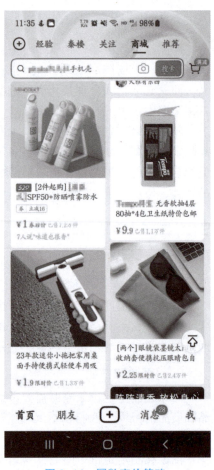

图3-14 尾数定价策略

促使他们产生购买欲望，以增加销售机会。商品组合定价策略在直播带货和零售领域被广泛采用，是一种有效的促销手段，如图 3-15 所示。

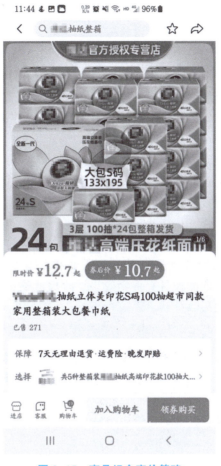

图 3-15　商品组合定价策略

主播在采用商品组合定价策略时，需要注意以下几个方面的问题。

（1）确保配套商品与主推商品相关性高。例如，如果主推运动鞋和服装，可配套赠送短裤、袜子、帽子、墨镜等产品；主推童装时，可搭配玩具或文具等；主推香水时，可搭配口红、护手霜或防晒霜等相关产品。高关联度的商品搭配不仅让消费者感受到更高的性价比，也减轻了他们搭配商品的负担。这样的配套套装不仅能增加消费者的购买欲望，也提升了购物体验。

（2）赠送的商品应具有实用性，能够让消费者经常使用。例如，在推广厨房用具时可以赠送洗涤用品，推广卸妆水时可以赠送卸妆棉等。如果赠品缺乏实用性，对消费者而言就会显得缺乏吸引力。因此，主播在选择赠品时，要考虑实用性和消费者的需求，以增加购买欲望，促进商品销售。

（3）确保赠品的质量，因为赠品质量不佳会影响消费者对主播的信任。消费者会对赠品的质量产生关注，若赠品质量低劣，可能会影响主播形象和商品销售。因此，提供高质量的赠品能够提升消费者的满意度和信任度。

在采用商品组合定价策略时，主播应运用巧妙的话术，让消费者感受到商品组合的优惠，从而促使他们下单购买。举例来说，某款 100 毫升的洗面奶，在实体店的售价为 169 元，在电商平台为 139 元，而在主播直播活动中的促销价格为 109 元，还赠送 10 片面膜。深入了解消费者需求，展示产品价值，提供具有吸引力的价格和赠品，可以增强消费者的购买欲望，有效促成销售。

三、阶梯定价策略

阶梯定价是根据购买数量不同给出不同价格的策略。在购买一定数量内的商品时，价格是一个数额；而当购买数量超过特定阶梯后，价格则会进行调整，通常随着购买数量增加，价格逐渐降低。这种定价策略鼓励消费者增加购买量，享受更优惠的价格，有助于提高销售量。

一些知名主播经常运用阶梯定价策略。例如，第一件 49 元（原价），第二件优惠 10 元，仅需 39 元；第三件再减 20 元，仅需 19 元；第四件直接免费，4 件商品合计 107 元，单价不到 27 元。这种策略通过巧妙的定价构建梯度优惠，吸引消费者增加购买量，可以快速提高销售量。

阶梯定价策略的商品看起来虽然便宜，但实际上与直接打包销售的价格相同。然而，"第三件 19 元，第四件 0 元"等超低折扣能够刺激消费者购买欲望。这种定价策略适用于希望提高销量或成套销售的商品，具有促销效果。阶梯定价策略不仅可以降低购买门槛，而且能够促使消费者增加购买数量。

四、成本加成定价

成本加成定价是一种基于经营成本的定价策略，即商品的售价等于单位商品成本加上预设盈利率。这种定价策略在商业中常见，其优势在于计算简便。在市场稳定的情况下，使用这种方法可以确保商家获得正常利润。此外，同类商品的成本和利润率接近，定价相对一致，竞争相对平缓。同时，这种定价策略易于让消费者感受到合理公平，容易被消费者接受。

五、竞品对比定价

竞品对比定价是指通过比较行业内其他商家和达人对商品的定价，来制定自家商品的价格。这种策略可以帮助商家了解市场行情，确定适当的定价水平，从而更好地满足消费者的需求，提升竞争力。

在决定购买时，消费者通常会参考与所关注商品密切相关的同类商品价格，进行比较。因此，了解竞品的价格区间有助于商家为其商品制定更具竞争力的价格。然而，了解竞品并不意味着盲目效仿，竞品价格只是行业参考标准，商家还需综合考虑自身品牌定位、目标消费群等因素，制定出符合市场需求的定价策略。通过综合考虑各方面因素，商家可以更好地制定价格，从而提高产品的竞争力。

任务三　产品卖点

任务描述：在竞争激烈的市场中，消费者面临众多产品，选择产品变得困难。因此，让产品具备吸引消费者的卖点变得尤为重要。这不仅有助于产品在市场上脱颖而出，增加

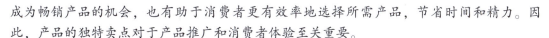

成为畅销产品的机会，也有助于消费者更有效率地选择所需产品，节省时间和精力。因此，产品的独特卖点对于产品推广和消费者体验至关重要。

任务分析：通过学习 FABE 销售法、三五七原则和爆款卖点原则，学会用不同方法描述产品的卖点。

任务实施：每4人为1组，完成以下任务。

1. 选择一类产品，用 FABE 销售法描述产品的卖点。
2. 选择一类产品，用三五七原则提炼产品的卖点。
3. 选择一类产品，用爆款卖点原则提炼产品的卖点。

任务评价：通过本任务的实施，学生可以掌握产品卖点的分析方法，为后续的直播电商销售做铺垫。

知识链接

3.3.1　FABE 销售法

FABE 销售法是一种高度具体且操作性强的利益推销方法，被认为是典型的利益推销方法之一。FABE 销售法是通过分析顾客最感兴趣的特征，挖掘这些特征带来的优点，并确定所产生的利益，最终提供证据支持，满足消费者需求，证明产品的价值和优势，巧妙解决顾客疑虑，从而成功实现销售。FABE 销售法的操作流程清晰，有助于顺利推动产品销售。

F 代表产品的特征（Features）：产品的基本功能、特质，以及产品如何满足用户需求。通过深入挖掘产品名称、产地、材料、制造工艺等方面的内在属性，找出产品独特之处，突出产品的差异性。这有助于准确定义产品的定位和价值，让消费者了解产品的基本特点和功能。每个产品都有其特定功能，这是毫无疑问的。大多数销售人员通常对产品的常规功能有所了解，但需要特别强调的是：要深入挖掘产品的潜在特性，努力发现竞争对手和其他营销人员可能忽略或未曾考虑到的独特特点。当能够给顾客带来"情理之内、预料之外"的感觉时，销售工作就能更加顺利地开展。突出产品的独特之处可以更好地吸引消费者并提升产品市场竞争力。

A 代表产品的优点（Advantages）：某个特征带来的好处，或者产品特性如何发挥作用。这些优点是促使顾客购买的理由，可以通过与同类产品的比较，展示产品的优势或独特之处。可以直截了当地列出，也可以间接阐述。例如，产品更有效、更高端、更舒适、更安全等。通过突出产品的优势，可以吸引消费者，提升购买欲望。

B 代表商品的利益（Benefits）：某个优点带给客户的实际好处，也就是商品的优点对顾客产生的价值。利益导向销售已经成为销售的主流理念，强调以客户利益为中心，通过突出顾客获得的实际好处来激发其购买欲望。这种方法实际上是基于感性销售法则，通过形象生动的词语帮助消费者体验产品带来的实际收益。通过强调产品的益处，可以增强消费者的信心和决心，促使其作出购买决策。

E 代表证据（Evidence）：证据可以是技术报告、客户反馈、媒体报道、照片、演示等，通过展示相关证明材料或实际演示，并借助品牌声誉来证实前面介绍的产品特点。值得注意的是，作为"证据"的材料应具有足够的客观性、权威性、可信度和可观性，以增强消费者对产品的信任和认可。通过提供可靠的证据，可以有效地巩固消费者对产品的信心，促使其作出购买决定。

了解产品的特征、优点、利益和证据，体会 FABE 法则的基本内涵，也体会它在销售中的重要性。那么，如何运用 FABE 法则来挖掘产品的卖点呢？

第一步，应详细列出商品的特征，尤其要针对其属性，展示其具有的优势特点，然后对这些特点进行比较和归纳。在列出特点时，要充分发挥自身知识，尽可能详细地描述产品的属性如产地、味道、颜色、外形、成分、质量、包装方式、采摘时间、物流情况。

第二步，基于已经列出的产品特征，找出产品的优势。换句话说，需确定所列商品特征具体发挥了什么功能，为用户带来了哪些好处，以及新产品理念是在何种动机或背景下产生的，这些细节应根据前述商品特征具体列出。

第三步，基于产品的优势，延伸至产品为消费者带来的好处或利益。必须确保产品带来的利益与消费者真正需要的利益相符。因此，在这个过程中，我们需要站在消费者的角度思考，确保利益是以消费者为中心的。例如，客户可以通过食用适量的蓝莓来获得身体所需的花青素，从而有助于减轻眼睛疲劳，这就是蓝莓产品为消费者带来的好处。

最后一步，找到证据来证实所述内容的真实性，满足消费者的需求。这些证据可以包括证书、说明书、权威资料、客户反馈、名人案例等。例如，若要证明某地是世界第三大蓝莓产区、证明花青素可缓解眼睛疲劳、证明生态种植的现摘现发货等，我们可以查阅相关的蓝莓产区资料，搜索医生对花青素的解释，录制采摘视频等，以确保我们所述均有实证支持。这样的证据能够增强信息的权威性和可信度，使消费者更信任产品的特点和优势。

以上就是通过 FABE 法则挖掘产品卖点的具体方法与路径。通过这一方法，我们不仅能够全方位地了解产品，还能沿着认知逻辑解决消费者关心的问题，并最终实现达成交易的目标。FABE 法则提供了系统性的销售工具，帮助揭示产品的特点、优势和利益，同时通过提供可靠证据来增强信任感，引导消费者做出购买决策。对于销售人员和营销团队来说，掌握 FABE 法则将有助于更有效地推动销售、满足消费者需求、提高产品销售和市场竞争力。

3.3.2　三五-七原则

三五七原则是指导我们进行产品卖点提炼的一个基本标准。其中，"三"代表 3 个差异化卖点，"五"代表 5 个用户使用场景，"七"代表七个产品特征。这个原则的设定有助于系统地挖掘和归纳产品的独特之处、用户需求和产品特征，为产品营销提供有力支持。

3 个差异化卖点是指挖掘出与市场上其他产品不同的 3 个亮点。这种差异化并不一定意味着产品本身优于竞品的特点或功能，也可能体现在表达或展示方式上的独特性。举例来说，蓝莓作为产品的 3 个差异化卖点可能是高含量的花青素、当天采摘当天冷链发货，以及颗粒饱满如硬币。这些不同之处告诉消费者我们产品的优势所在。如果从某个产品中找不到 3 个差异化卖点，应该怎么办呢？在这种情况下，我们可以通过创新的展示方式为用户带来新的感受，例如使用电子秤称量蓝莓的质量，让消费者一睹蓝莓颗粒之饱满，增加对产品的信任感，电子秤的准确数据代表了产品的诚信。另外，在现场展示中可以使用水果刀切开 1 颗蓝莓，展示果汁流出和果肉的内部横截面，这种创新的方式能够让消费者感受到蓝莓果肉的优质和甜度。通过差异化卖点的突出和创新的呈现方式，可以有效吸引消费者的注意力并提升产品的竞争力。

3 个差异化卖点可以基于 7 个产品特征展开，这些特征包括品质、规格、成分、颜色、包装、体验和价格。看似普通的特征实际上是用户关心的关键问题，而在这 7 个特征中，通常会存在 3~5 个公共的卖点，这些卖点能够补充解释 3 个差异化卖点，有效地向消费者解释产品。举例来说，蓝莓的 7 个产品特征：品质、规格、成分、颜色、包装、味道和价格。这些特征具有重要的意义，品质决定了产品的优劣，规格影响着产品的适用范围，成分表明了产品的原材料，颜色直接影响消费者的视觉感受，包装是产品的外在形象，体验则关乎消费者的感知和体验，价格是消费者普遍关注的成本问题。通过细致挖掘蓝莓的品质、规格、成分、颜色、包装、体验和价格等特征，可以为消费者提供全面准确的产品信息，强化产品的卖点，促进产品销售和市场竞争力的提升。蓝莓的 7 个特征如下：

品质：A 级果。

规格：500 克。

成分：花青素、抗氧化剂、维生素 C、阿拉伯胶、柠檬酸等。

颜色：深紫色。

包装：食品级 PET 材质包装盒。

味道：口感醇香甘甜。

价格：45.8 元。

在上述蓝莓的 7 个产品特征中，我们找到了"A 级果""食品级 PET 材质包装盒""营养丰富"和"口感醇香甘甜"这四个优秀的卖点。这些特点与差异化卖点相结合，共同证明该蓝莓的高品质和购买价值。

接下来，我们来考虑五个用户使用场景，以反映何时、何地、何方式使用产品以解决何问题。以蓝莓为例，我们可以设计如下场景描述："晚上 8 点多，孩子写完了作业，在客厅里欢快地玩耍。经过一天的学习，孩子感到疲劳和饥饿。此时，孩子可以品尝新鲜的蓝莓，蓝莓富含花青素，为孩子补充营养。坚持食用蓝莓对孩子有诸多益处。"这是一个具体的产品使用场景。针对每种产品，我们应该能够找到五个用户使用场景，通过生动描述让用户产生身临其境的感觉，为他们提供充分理由，推动他们下单购买产品。

3.3.3　爆款卖点原则

卖点的优劣直接影响是否能激发直播观众的购买欲望，而爆款产品的涌现必须建立在强大的卖点支撑之上。因此，在提炼产品卖点时，我们需要明确 3 个标准和 1 种思维。这 3 个爆款卖点的标准包括可量化、可感知和市场空白，而发现爆款卖点的思维是优先级排序。

可量化意味着产品的卖点可以被量化或具体表现出来，验证产品优点的数据或信息是可以获得的。例如，这款冰箱每天只消耗 0.3 度电，是市面上大多数冰箱耗电量的 1/3，相较于其他冰箱，每年可节省数百元电费。又如，这件连衣裙的剪裁设计非常修身，尽管我的体重是 120 斤(1 斤 = 500 克)，但穿上这条连衣裙看起来就像只有 100 斤，并且穿着舒适，没有紧绷感。

可感知意味着产品的卖点具有可见、可触或其他实际线索，影响顾客对产品或服务质量的认知。外观、数据、产品功能等具体元素可以被感知，而服务态度、安全感等抽象元素也能被感觉。举例来说，某电饭锅制造商通过调研发现，大多数人评价电饭锅质量时会根据举起来的重量来评判，重则说明材料实在、质量好。因此，制造商在设计过程中加厚了底座，当用户端起很重的电饭锅后，沉甸甸的感觉传达了真材实料的优质印象。在这个例子中，我们认识到消费者无法立即感知电饭锅的品质和耐用性，却可以明显感受到产品的重量，因此在直播带货中，要将这一特点作为卖点。除了讲述产品的智能特性，也可以现场称重电饭锅，通过重量感受证明其品质优良。

市场空白指市场中还未存在或需求量极大的产品卖点。虽然理念易懂，这一因素却颇具挑战性，因为市场上存在产品同质性严重的现状。在产品选品阶段，通过大数据分析会考虑这一点。因此，并非总能找到市场空白的卖点，只要找到受众认可的卖点即可。这一卖点实际上是产品的核心特征。例如，对于能跳舞的蘑菇，可以通过在桌子或地板上投掷蘑菇并感受其回弹性来证明蘑菇的品质，这个卖点通过特殊的展示形式向直播观众展示了普通卖点，从而填补了市场空白，成功给消费者留下深刻印象。

卖点优先级排序意味着我们需要发掘多个有潜力的产品卖点，然后根据消费者画像进行分析。通过对产品卖点进行排序，确定主次要卖点。通常情况下，爆款卖点不超过3个，其他卖点可以作为辅助卖点围绕主要卖点进行补充说明。因此，卖点优先级排序的思维是为了确定主要卖点，找出需要重点强调的爆款卖点。对于观众来说，如果多次提及同一卖点而缺乏变化或新的信息，可能会导致遗忘或无法真正感知到核心卖点的独特性。实际上，巧妙地多次重复并强调核心卖点，结合不同的情境或角度进行阐述，可以加深用户印象，使卖点真正留在用户心中，这体现了对核心卖点的重视。因此，采用恰当的方式多次强调重要事项是有道理的。

任务四　产品话术卡

任务描述：产品话术卡是直播带货中的重要工具，由产品介绍和用户沟通两个模块构成。在直播电商中，观众类似于逛商场，如果没有明确需求，那么谁能在话术中抓住用户的兴趣，谁就能吸引用户。主播不能只简单赞美商品，而应该懂得如何用话术打消用户的疑虑，激发其购买欲望。掌握直播电商的话术技巧可以快速吸引用户的注意力，促成其做出购买决策。

任务分析：通过学习直播电商话术设计、直播电商话术的使用，学会如何在直播中使用合适的话术。

任务实施：每2人为1组，完成以下任务。

根据自己的了解和平时观看直播的经验，从服装、美妆、美食类商品中选择一类总结常用带货话语，包括欢迎语、留观引导、互动交流、商品介绍、促销引导和结尾告别等。

任务评价：通过本任务的实施，学生可以掌握如何在直播中使用合适的语言，为后续的任务做铺垫。

知识链接

3.4.1　直播电商话术设计

主播的话术水平直接影响着直播商品的销售效果。在直播电商领域，对话术进行精心设计至关重要。

一、直播电商话术设计要点

直播电商话术是口语化表达商品特点、功效和材质的文案，是主播吸引用户留观和促成销售的关键。精准的话术可以帮助主播控制直播节奏、营造良好的直播氛围，有助于提升销售效果。

主播在设计直播电商话术时需要把握好以下要点。

(一)话术设计口语化，搭配肢体语言

直播电商话术设计的关键是语言要口语化，结合肢体语言和面部表情，提升主播整体表现的感染力，吸引用户融入所描述的场景中。简明易懂的话语搭配直播展示，有助于直接触及用户的需求，使用户体验更真实，更易促成购买决策。

(二)灵活选用话术，表达要适度

新手主播经常使用标准的话术模板或框架，但话术并非僵化不变的，应灵活运用。尤其是在回答用户提问时，应经过深思熟虑后再回应。

主播在面对观众的不同反馈时，可以采取不同的回应策略。主播可以积极回应表扬或点赞，酌情接受善意建议，幽默化解或坦诚接受正面批评，以及不予理睬或拉黑那些恶意谩骂者。

(三)话术配合情绪表达

新手主播缺乏直播经验时，可能会经常遇到忘词的情况。在这种情况下，主播可以参考话术脚本，并注意表达情感时要真诚，丰富面部表情，运用生动的肢体语言和道具，以提升互动效果。

在使用话术时，主播应避免过于怯懦或过于强势的表现。过度怯懦可能导致主播失去主导地位，处于被动状态，容易被观众左右；而过于强势，以自我为中心，不关心用户喜好则难以吸引用户和增加关注度。主播应取得平衡，既要展示自信和主动性，又要倾听用户意见、关心用户需求，以建立良好的互动关系，提升直播效果。

(四)语调富于变化，语速适中

在直播过程中，主播的语调应该富有变化，抑扬顿挫，确保语速适中，让观众清晰地听到内容。主播可以根据直播主题的不同，灵活调整语速：若希望观众下单，可加快语速，充满激情影响观众；若涉及专业内容，可适当放慢语速，展现更多的权威性；而在讲述重要内容时，可有意放慢语速或停顿，引起观众的注意。通过合适的语速和节奏控制，主播可以有效引导观众的情绪和增加关注度，提升直播效果。

二、直播电商话术设计原则

直播时，主播主要通过语言与观众沟通。语言是主播思维的集中展现，也能间接展示主播的个人修养和气质。直播电商话术设计有以下原则。

(一)专业性

直播电商话术的专业性体现在两个方面：一方面是主播对商品的认知程度。主播对商品了解程度越全面深刻，在介绍商品时举重若轻，展现出专业素养，同时能够建立用户信任感。另一方面是主播语言表达的成熟度。即使使用同样的话术，经验丰富的主播说出来

往往更易获得用户的认同，与新手主播相比更具有影响力。

为了成功地促成销售，主播需要展现一定的专业水平，这样才能更易获得用户的信任。例如，在服装类直播中，主播需要深入了解服装的材质、款式、搭配技巧，并具备市场敏感度；而在美妆类直播中，主播则需要精通护肤品的成分、品牌信息、护肤知识和化妆搭配技巧。通过专业的知识和能力展示，主播能够赢得用户的信赖并增加商品销量。

（二）挖掘痛点

主播应学会在直播中发现用户最关心的问题和感兴趣的话题，以创造有价值的内容。挖掘用户痛点是一项长期工作，主播在这个过程中，首先要充分了解自身能力和特点，明确自身优势和不足；其次要研究其他主播的能力和特点，借鉴他人之长，提升自身实力；最后要深入理解用户心理，了解用户需求，并提供相应内容以满足他们的期待。通过这些行动，主播可以更有效地吸引观众，提升直播质量。

（三）真诚性

在直播过程中，与观众的互动至关重要。然而，互动需要思考后才进行，主播应站在用户角度，真诚进行沟通和互动。主播可以设身处地地考虑用户需求，以用户的观点看待商品说明、种类和商家提供的服务，从而让用户感到方便和满意。通过真诚的态度和以用户为中心的沟通，主播能够增强与观众的互动体验，提高观众参与感和满意度。在直播过程中，主播应当谨言慎行，理性沟通，站在用户的立场上考虑问题，以真诚的态度吸引用户的关注，增加用户对商品及服务的认可度。

（四）趣味性

直播电商话术设计的趣味性是指主播运用幽默感，使直播内容更生动有趣。言语幽默被视为语言的最高境界。幽默风趣的主播不仅令直播更具吸引力，也展示出其内涵和教养水平。此外，幽默的语言可以调节直播氛围，有助于营造愉悦和和谐的氛围，加速主播与用户间友好关系的培养。通过幽默的表达方式，主播能够赢得观众的喜爱，实现更加成功的直播互动效果。

3.4.2　直播电商带货话术

直播带货的目标是销售商品，因此，主播需要掌握一些直播电商带货话术。这些话术通常包括欢迎话术、留人话术、互动话术、商品介绍话术、催单话术和结束话术等。通过这些不同类型的话术，主播能够有效地引导观众的关注，增加互动参与，推动销售达成。

一、欢迎话术

针对每位新进入直播间的用户，主播都应给予热情的欢迎。以下是常用的几种欢迎方式。

（一）个性化称呼

欢迎××来到直播间，这个名字挺有趣的，背后有什么故事吗？

（二）发现共同话题

大家好，感谢大家莅临支持，最近我迷上了一首歌，不知道你们有没有听过呢？让我们分享一下各自喜欢的音乐吧！这样可以拉近彼此距离哦。

(三) 引导关注内容

欢迎××加入直播间，今天我将分享关于××的专业技巧，如果大家感兴趣的话，请务必关注哦。

二、留人话术

主播可用吸引人的语言留住观众，设置福利、回答提问以提高留言率。留人话术的重要性不言而喻。留人话术的运用主要包含以下两个技巧。

(一) 利用福利

主播需通过各种福利如包邮、送礼等方式留住观众，记得每 5～10 分钟提醒 1 次，因为新用户随时会进入直播间。

(二) 及时回答用户提问

及时回答用户提问尤为重要，因直播间提问者多为有购买意向的用户。主播应及时回答用户提问，同时巧妙地运用话术引导，以促进交易达成。

三、互动话术

在直播过程中，主播与用户实时互动能让用户感到贴心，及时回应用户诉求，快速了解用户反馈情况。主播应积极与用户互动，回答问答是有效的沟通方式之一。因此，主播要认真阅读评论，耐心、有针对性地回答用户提出的问题，以确保互动质量和用户满意度。

主播在调动用户积极性的同时，应注意控制与用户的互动状况。若用户情绪过高或话题讨论过长，会影响接下来的直播效果。

通常，主播可以通过以下话术与用户进行互动。

(一) 节奏型话术

节奏型话术意在激发用户参与互动和发言，新加入的用户看到互动热烈，便会好奇为何众人积极参与，并继续了解主播正在直播的内容。

例如，可以使用这样的互动话术："如果觉得主播唱得好听，请打出 100""让我感受一下你们的热情，请打出 520""如果觉得主播表现不错，请用礼物支持一下吧""用弹幕分享你们的看法和情感，让我们互动吧"这样的互动话术能够吸引观众积极参与，增加直播的互动性和趣味性。

(二) 提问式话术

提问式话术是指提出只需回答肯定或否定的问题，用户可以简洁准确地表达观点，帮助主播迅速了解用户想法，有效避免因等待用户回答而造成的尴尬局面。例如"听到我的声音了吗？给我心心表示一下！""用过这款口红的朋友举一下手！"这样的提问式话术能促使观众积极参与，有助于拉近与主播的距离。

(三) 选择性话术

选择性话术是指提出一个选择题给用户，能立即促使用户参与互动。例如，"看了×××的请在评论区打个 1，没看过的打个 0""喜欢左边这套衣服的请在评论区打个 1，喜欢右边这套的请打个 2"。这种选择性话术能够引导观众参与，增加互动和用户体验。

四、商品介绍话术

在展示商品时，主播应重点介绍商品的优点，强调其高性价比，激发观众购物热情。商品的特点和优惠政策是突出高性价比的关键因素，在商品展示过程中应重点突出这两方面内容。

突出商品的高性价比需要主播做好以下几个方面。

（一）多次提醒商品的优惠政策

在直播中，主播应频繁提及商品的优惠政策，如"现在下单可享 8 折优惠"或"本商品限时 7 折促销"，来突出商品的高性价比。这些提醒可以增强用户对商品优惠的认知，激发购物热情。通过多次强调商品的优惠政策，观众将更加关注并认可商品的性价比，从而促成购买意愿。

（二）充分展示商品的细节

为了提高商品的成交率，除突出商品的独特性和性价比外，商品细节也至关重要。许多主播在展示商品时倾向将其贴近镜头，以清晰展示颜色、纹理等细节给用户。主播可以用手触摸衣料材质，在皮具上轻轻刮一下，展示手感和质感。同时，还要适时展示商品的生产细节。通过展示商品细节，可以加强用户对产品优点的认知，激发他们的购买兴趣。

（三）强调商品的卖点

推荐商品时，主播可着重介绍商品的特点，如面料、外观、材质、品牌和款式等。例如，"这个包采用耐磨且防水的 PVC 材质，物超所值"。另外，主播还可对比同类商品，突出该商品的独特之处，凸显其性价比或其他优势特色。

（四）建立信任感

直播带货的缺点在于用户无法直接接触商品，只能通过主播的描述来了解。因此，主播应从专业角度出发，对商品及同类产品进行详细讲解，引导用户根据需求选择商品。建立起一定的信任感后，用户更有可能下单购买。

五、催单话术

催单话术的目的在于通过制造紧迫感，促使用户产生错失良机的心理，从而促使其立即下单购买。有时，用户可能会犹豫不决，无法快速做出购买决策，在这种情况下，主播可使用催单话术激励用户行动。

催单话术的关键在于强调商品特点和价格优势，持续提醒用户货源有限，错过就没有了。主播需要设法缩短用户的思考时间，可采用倒计时方式让用户立即购买，制造时间紧迫、商品抢手的氛围。

在催单时，主播可以采用以下技巧。

（一）强调商品优势

主播在敦促用户下单时，应确保用户购买商品是基于自身需求。因此，主播要协助用户确认商品符合其需求，重点强调商品的优势，抓住机会，持续突显商品的优点，激发用户的购买意愿，并在购买欲望高涨时促使用户立即下单。

主播反复强调商品的优势，不仅是心理暗示，也能够切中用户的需求痛点，让用户深刻意识到他们确实需要这款商品，从而促成购买。

（二）展现价格优势

主播可以通过展示商品市场价与直播价对比，突出价格优势，让用户感到商品物美价廉。例如，主播在展示价格对比时，可说："这款防晒喷雾在天猫旗舰店售价为 79 元，而今晚在我们直播间购买 2 瓶的用户，可以享受直接减 79 元的特惠，第一瓶仅需 79 元，第二瓶免费，实在是超值啊！"通过这种对比方式，可以吸引用户并增强他们的购买欲望。

（三）抢购清仓

催单话术的核心在于激发用户的"抢购"心态。主播常用"抢购""清仓"等直接话术来刺激用户下单。

六、结束话术

主播应始终保持礼貌，在直播结束前与用户告别。此外，当直播快要结束时，主播可提前宣布下一场直播的时间、商品和福利；同时，再次强调即将提供的福利和商品，甚至可以告知用户特定商品的上架时间，方便一些无法持续观看直播的用户购买。

任务五　产品包装

任务描述：在直播电商中，我们应合理规划和设计产品主图和详情页内容。另外，产品包装还包括购物车产品排序和直播间产品背景的策划，因此，产品主图、产品详情页、购物车产品排序和直播间产品背景一起构成了直播间产品的包装。

任务分析：通过学习产品主图、产品详情页、购物车产品排序、直播间产品背景等相关内容，学会如何把直播间的产品进行包装。

任务实施：每 2 人为 1 组，完成以下任务。

根据自己的了解和平时观看直播的经验，选择一类感兴趣的产品，找 2~3 个代表性的直播间，描述一下他们是如何进行产品包装的。

任务评价：通过本任务的实施，学生可以掌握如何把直播间的产品进行包装，为后续的任务做铺垫。

知识链接

3.5.1　产品主图

产品主图又称头图，通常由产品本身、产品文案、产品效果展示等元素组成。其中，专业摄影师负责产品与人物拍摄，专业设计师完成元素组合设计。本任务着重介绍产品主图的组成结构。

产品主图可以包括纯产品展示、产品配文展示、产品效果展示，甚至产品搭配人物和文案展示等不同类型。其中，文案通常应呈现 1~3 个产品的核心优势卖点。此外，主图经常呈现产品的促销信息。

3.5.2 产品详情页

产品详情页与主图类似，分为设计和内容两部分。这里我们重点探讨内容部分。一般来说，消费者浏览产品详情页时，都带有特定需求，希望找到解决方案。因此，我们应准确提出问题，并呈现解决方案，引起消费者共鸣，激发其继续了解的兴趣。详情页内容需全面介绍产品特点，通过产品优势唤起购买欲望，并通过促销策略和售后服务承诺推动客户下单。

3.5.3 购物车产品排序

在直播中，许多用户会浏览购物车，就像逛超市一样，这被视为一种休闲行为。虽然用户可能没有明确的购物意图，但仍存在购买可能性。因此，直播间的产品排序至关重要。只有在浏览过程中，用户不断看到感兴趣的产品时，才会持续浏览直播间购物车内的所有商品。

为实现这一目标，购物车中用户首先看到的产品应当安排爆品和引流产品，随后是形象款、利润款、常规款等，形成价格低、价格高、价格低、价格高的分布形式。同时，高频使用的产品也应交替排列，以引导用户跃跃欲试看完产品列表。可以按照主播推荐的产品顺序设置产品排序，因为这与主播推荐逻辑相吻合。

3.5.4 直播间产品背景

在直播带货中，由于场地受限，许多产品销售场景难以完全还原。因此，我们可能需要通过照片和截图来辅助对产品进行说明，或准备资料作为卖点的证据。这些属于直播间产品背景的应用，除选品、定价、提炼卖点、场景设计和话术之外，我们还需要准备相关的图片或视频作为推荐产品时的背景。

通过展示线下超市的价签证明直播商品价格实惠，通过采摘现场视频展示水果新鲜度，利用甜点下午茶场景照激发观众幸福感，设计产品图片搭配促销价格图片确保所有观众清晰了解商品优惠力度。直播带货过程中，产品背景的氛围营造至关重要，因此准备产品背景图片是产品筹备阶段的关键任务。

任务测验

一、选择题

1. (   )的优点就是商家没有囤货的压力，发货比较省时、省力，方便、快捷；缺点是有时候无法看到实物，不容易把控商品的质量。

　　A. 线上渠道　　　　　　　　B. 线下货源　　　　　　　　C. 电商平台

2. (   )就是一个连接商家和主播的选品库。

　　A. 货源批发网站　　　　　　B. 抖音精选联盟　　　　　　C. 电商平台

3. (   )指立足于商品的基本效用。这类用户在选购商品时不过分强调商品的美观性，而以朴实、耐用为主。

　　A. 经济心理　　　　　　　　B. 可靠心理　　　　　　　　C. 求实心理

4. (   )是按照不同的购买数量给出不同的价格。

A. 阶梯定价　　　　　　　B. 商品组合定价　　　　　C. 批量购买引导定价

5. (　　)商品陈列即结合某一事件或节日，集中陈列有关的系列商品，渲染气氛，营造特定的氛围，以利于该系列商品的销售。

A. 分类式　　　　　　　　B. 组合式　　　　　　　　C. 主题式

二、简答题

1. 选品的原则有哪些？

2. 选品的依据有哪些？

3. 商品定价的要素有哪些？

4. 商品定价策略有哪些？

三、技能实训题

下面请大家通过技能实训掌握在 1688 阿里巴巴采购批发网选择商品货源的方法，具体实训步骤如下。

1. 打开 1688 阿里巴巴采购批发网首页。

2. 登录后，在找货源下面的搜索框中输入要搜索的商品名称(如皮包)。

3. 在搜索结果页面中可以进一步按照风格、材质、箱包潮流款式、箱包大小、各种参数等搜索条件来筛选商品。

4. 选择一件合适的商品，进入详细信息页面，选择颜色、款式和数量，然后单击"立即订购"按钮即可。

项目四　直播电商运营

🎯 **学习目标**

知识目标：

1. 了解直播引流的各种方式

2. 了解主播 IP 的含义

3. 了解打造主播 IP 的意义

4. 掌握直播语言的要点和技巧

5. 掌握直播语言的原则、熟悉直播语言的禁忌语

6. 了解常用的直播商品销售语言

能力目标：

1. 能根据直播内容制作预热软文、直播封面等并投放到平台

2. 能根据直播目标和预算，利用直播平台的付费引流功能或第三方推广工具进行付费引流

3. 能将直播视频的精彩内容进行剪辑，制作成短视频，多渠道分发，引发二次传播

4. 能基于直播数据和效果设计战绩海报并分发，推动品牌的宣传

5. 能够根据要求训练主播基本素质

6. 能够定位主播 IP

7. 能够根据相关要素挖掘优质的直播内容

8. 能够打造直播亮点

9. 能够完成推广主播的工作

10. 掌握直播间互动的语言技巧

11. 掌握直播间商品促销语言的策划

12. 掌握主播与用户拉近距离的沟通方式

素养目标：

1. 具备法律意识，可以依法直播、依法经商，营造风清气正的直播网络空间

2. 具备较强的直播热点和亮点内容识别能力
3. 具备对传播内容的审美能力和创新能力
4. 学会自我剖析
5. 学会坚持学习，提高专业技能
6. 在直播中体现正能量，突出正确的价值观
7. 培养学生树立讲文明的职业素养和职业精神

引导案例

让远山里的农货走向全国，阿里巴巴公益联合淘宝直播开启2024消费帮扶新春行动。

2月21日至3月10日，阿里巴巴公益与淘宝直播携手举办消费帮扶新春行动"开门红公益直播助农"。活动为山西平顺、河北青龙、吉林汪清、陕西清涧、云南澜沧等20多个县域的优质农产品打开市场大门，帮助农民增收，推动乡村振兴。

本次公益活动由国家广播电视总局公共服务司指导，吸引了包括李佳琦、蜜蜂惊喜社、香菇来了、陈洁kiki、烈儿宝贝、交个朋友、胡可、Timor小小疯等15位淘宝头部主播，他们将为各地的特色农货进行精彩的直播带货。

通过一系列直播活动，不仅可以将优质的农产品介绍给更广泛的消费者，而且可以有效地帮助地方特色产品走出山村，走向全国。

作为直播带货领域的代表，李佳琦表示，"开门红"公益直播活动只是助农的其中一步，未来他将联合自己的团队和更多的合作伙伴，不断创新消费帮扶的方式和途径，以提高帮扶的实效。未来，淘宝主播们都将继续致力于利用自己的专业技能和广泛的影响力，为乡村振兴献出自己的力量。

阿里巴巴公益将持续支持和推动此类公益活动，以实际行动帮助更多的农产品销售，助力实现乡村振兴。

据介绍，这已是阿里巴巴公益、淘宝直播在国家广播电视总局的指导下开展的第三次新春直播公益助农行动。借助一系列活动，很多远山里的农货走向全国。青海平安高原农夫负责人张晶就说，他们的三色藜麦在主播直播间带火之后，回购者不断，品牌优势逐步成型。

据统计，阿里巴巴于2023年共助力832个脱贫县销售额超1 300亿元，累计开展乡村直播300万场，带动农产品销售超1.3亿单。

转载自：钱江晚报

思考与讨论：

(1)直播时吸引消费者下单的技巧有哪些？
(2)农产品直播应该注意哪些方面？

任务一　账号引流

任务描述：越来越多的品牌商家加入直播带货的行列，从而带动了整个电商行业的发展，为直播电商的发展增添了许多的生机。另外，许多明星、达人、网红也通过直播带货获得了许多的曝光机会，使得直播带货成为主流的营销方式。

任务分析：通过学习直播引流的方式，学会通过不同策略进行直播引流。

任务实施：每5人为1组，完成以下任务。

1. 在抖音、淘宝、小红书等平台进行直播预告，利用不同的引流方式，观察其效果。

2. 对比引流效果并分析原因。

任务评价：通过本任务的实施，学生可以掌握不同方式下直播引流的方法，为后续的商品直播做好铺垫。

知识链接

4.1.1 直播引流

在直播开始和结束前后，引流的策略尤为关键，通过精心策划与推广短视频、图文信息等多元化手段来吸引消费者的目光，进而引导他们驻足观看直播内容。直播引流可分为免费引流与付费引流两种方式。

免费引流指的是通过免费渠道（如微信、微博等社交媒体平台）发布图文信息来吸引流量。而付费引流则是通过向平台支付一定费用来获取更多流量，比如抖音的付费工具DOU+。DOU+是抖音推出的视频和直播间引流工具，通过投放 DOU+广告可以迅速提升短视频或直播间的曝光率和互动量。在网络营销中，选择合适的引流方式可以帮助企业快速吸引目标受众，提升品牌知名度和影响力。因此，免费引流和付费引流都是企业在网络营销中值得探索和尝试的策略。

4.1.2 预热短视频引流

利用预热短视频吸引流量有两种主要策略：一是在社交媒体平台或社交圈发布短视频，吸引已有观众关注；另一种是在直播平台上发布视频，以吸引新观众。接下来，我们将重点探讨如何有效地利用预热的短视频来吸引直播平台上的流量。

一、制作有吸引力的预热短视频

了解观众进入直播间的渠道是利用预热短视频吸引流量的第一个重要步骤。在抖音等平台上，观众可以通过主要入口进入直播间：推荐页、直播页、关注页和同城页。其中，推荐页是用户打开 App 后首先看到的页面，也是用户最关注的区域。因此，在推荐页进行引流是非常关键、行之有效的策略。

在推荐页上通过预热短视频吸引流量的关键在于确保用户在观看你的短视频时，你正在进行直播。因此，为了达到这个目的，我们发布的预热短视频既需要具备"即时性"，又需要与即将进行的直播关联。

预热短视频通常时长约为 10 秒，其内容应与即将进行的直播内容高度相关。为吸引观众，一般可以采取以下两种方式：一种是利用精彩的片段或内容来吸引观众的眼球，激起他们的兴趣；另一种是通过引导性的信息或话题引起观众的好奇心，让他们愿意进入直播间深入了解商品。

二、巧妙应用付费引流

要在付费引流中取得显著效果，关键在于全面掌握付费引流的技巧。比如，DOU+推出了"3小时发布原则"，指的是在开播前3小时内发布引流短视频，这样效果最佳。

在发布短视频后，抖音会立即给予一定的初始流量（即免费流量），用于对预热短视频进行测试和标记，以决定其是否可以进入更大的流量池。如果预热短视频在这一阶段能够吸引更多流量，就有机会进入更广阔的流量池获取更多关注。因此，在这时候投放DOU+以增加流量供给，效果最佳。

投放DOU+最低投资额为100元，最短投放时长为2小时，通常有半个小时的审核时间。因此，在直播开播前3小时发布引流预热短视频，并结合DOU+的投放策略，可以迅速通过短视频吸引到第一批高峰流量。

4.1.3　利用预热文案引流

在制作预热文案时，必须考虑所使用信息的合法性。《中华人民共和国电子商务法》规定，电子商务经营者应当真实、准确、及时地向消费者披露商品或服务信息，以保障消费者的知情权和选择权。此外，电子商务经营者不得通过虚构交易、编造用户评价等方式进行虚假或误导性商业宣传，以免欺骗或误导消费者。

一、直播平台内预热文案引流

主播可以提前更新昵称和个人简介，在昵称中添加提示，如"今晚8点××扫地机专场"，在个人简介中则以文案方式提醒观众直播时间，如"每周一至周五晚上8：00准时开播，期待与你相约直播间"。

二、站外预热文案引流

除在直播平台内更新昵称和个人简介外，还可以利用如微博、微信、小红书等站外平台来进行直播间的预热宣传。吸引观众的直播预热文案类型包括以下几种。

（一）借势型直播预热文案

借势型直播预热文案常出现在品牌或知名主播的直播预热中。他们通常会邀请名人参与直播，利用名人的影响力来吸引关注。例如："今晚8：30，在直播间等待与某某（明星名）亲密互动！不见不散哦！"这种类型的直播预热文案可以有效吸引粉丝和观众的注意，营造出期待和兴奋的氛围，增加直播间的曝光和吸引力。通过利用名人的号召力和影响力，直播预热文案可以在短时间内引发用户的兴趣，让更多人关注并参与直播活动。

在微博进行直播预热宣传时，可以利用某位明星的影响力来提升文案曝光度，以吸引更多目光并增加直播引流，即使没有明星参与直播，也可以借其他热门话题的势。举例来说，如果直播的商品是明星同款，可以结合相关热门话题在文案中进行宣传，从而提高曝光度。

（二）福利型直播预热文案

福利型直播预热文案是利用福利活动吸引观众，例如，所有进入直播间的观众都有机会参与抽奖活动，或者设置多轮抽奖、派发红包等福利，让观众在直播中获得更多惊喜，如图4-1所示。

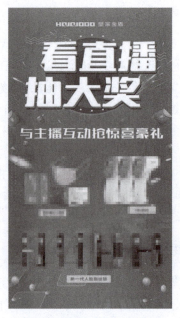

图 4-1 福利型直播预热文案

(三)商品清单型直播预热文案

商品清单型直播预热文案是在直播预热文案中直接分享即将展示的商品清单，并提前透露部分商品的优惠信息，吸引感兴趣的目标观众进入直播间，进而提高商品的转化率。例如，某些主播在直播前会在微信公众号发布直播预告海报，在清单上详细列出即将展示的商品，按类别分类展示，以吸引观众参与直播活动，如图 4-2 所示。

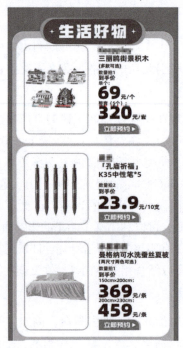

图 4-2 商品清单型直播预热文案

当然，这种策略更适用于拥有一定粉丝基础的主播。若主播粉丝数量较少，可以在分享商品清单的同时，结合"转发抽奖"的方式，通过提供福利来引导观众为直播进行二次宣传，并吸引他们进入直播间。

(四)价值包装型直播预热文案

价值包装型直播预热文案是通过给直播预热文案进行价值包装，吸引观众在看到文案中的"价值"时进入直播间，如"渴望拥有健康皮肤的朋友们必须收看我的直播"或"想要变得更美丽的姐妹们务必不要错过我这期的直播，会有惊喜哦!"简言之，让观众意识到在直播间会获得某种具有价值的内容，从而吸引他们进入直播间。

4.1.4 如何开展直播间引流

根据账号不同的级别可选择适合的引流方式，直播间的流量在直播过程中直接影响销售的效果。不同阶段的主播应采用不同的方式来引流，以获得最佳效果，可参考表4-1。

表4-1 根据账号级别选择引流方式

序号	账号阶段	引流方式	使用技巧
1	新账号	低价商品	可以使用清库存模式，把商品价格控制在市场价以下，通过直播带货清仓;也可以使用促销模式，有吸引力的促销能够在初期锁定观众，但要保证低价不低质，要提供物美价廉的商品
2	超过1 000位粉丝	付费工具	做好预算，清楚付费标准，把钱花在刀刃上。切记要做好直播预热，设计好昵称、头像、个人简介等
3	超过5 000位粉丝	向大主播借流量	可以通过向大主播刷礼物、发红包赢得曝光机会，也可以通过打榜获得与大主播互动的机会，借此引流，还可以邀请大主播到自己的直播间客串，获得流量
4	超过10 000粉丝	构建账号矩阵	以粉丝数最多的账号为中心，多开几个账号，大账号与小账号互相打榜，相互引流。使用这种方式时需要注意账号要统一定位，不能有太大的跨度，否则容易分散流量

4.1.5 开展直播二次引流

(一)整理直播视频等素材

绝大多数直播平台都支持直播回放功能，在直播结束后，可以利用直播视频制作二次引流的宣传素材。可以整理直播现场的图片、精彩画面或片段以及平台数据等素材，制作成战果海报、软文或短视频等二次传播物料，以进一步推动宣传活动的有序进行。

(二)多渠道发布二次传播物料

结合二次传播物料的特点，选择微信、微博、短视频平台、直播平台等渠道进行二次传播。

任务二　直播展示

任务描述：选品结束后，如何通过直播将产品展示得更有趣呢？不同类型的产品，在直播中有什么不同的展示规则呢？

任务分析：学会通过不同的规则对产品进行展示。

任务实施：每5人为1组，完成不同类型的商品的直播。

任务评价：通过本任务的实施，学生可以掌握不同商品直播展示的规则。

知识链接

完成选品之后，展示商品需要根据不同直播类别的展示规则进行操作。在美妆类直播中，需要突出反差感；在美食类直播中，手工美食和鲜果类美食需要有不同展示方式；服饰类、运动类直播也有自己的展示方法。此外，还需要根据直播主题营造相应的氛围。

4.2.1　服饰类直播

在服饰类直播中，内容策划多种多样。除了展示多样的穿搭搭配，还可以结合各种主题，比如减龄搭配、职场OL搭配、风衣专场等，关键是要将服饰与实际使用场景相结合。首先，要直观地凸显产品的卖点，而非单纯展示或解释产品。其次，利用直播间的互动功能软件，通过事先准备好的对话内容引导粉丝参与互动，解答他们的问题，引导他们跟随直播的节奏，而不是被粉丝牵制，偏离主题。最后，在展示所有搭配款式时，主播应提前彩排，确保搭配的服饰美观，进而成功展示服饰类相关内容。服饰类产品直播如图4-3所示。

4.2.2　美妆类直播

在美妆类直播中，重点是突出直播间的反差感。主播可以实时展示从素颜到化妆完成的整个过程，这种反差感能够吸引观众，并让他们更久地留在直播间。

图4-3　服饰类产品直播

在美妆类直播中，可以间隔提供一些护肤心得和产品测评内容。注意，必须保持直播的节奏，利用交互软件引导粉丝参与，鼓励点赞、关注和购买，从而延长粉丝的观看时间并促成购买转化。美妆类产品直播如图4-4所示。

图4-4　美妆类产品直播

4.2.3　母婴类直播

在母婴类直播中，主播的形象设定至关重要，最好选择有孩子的主播作为代言人，通过她们分享购物经验来介绍产品，还可以邀请育儿专家现场分享科学养育知识。母婴类直播的产品不论是食品、服装还是用品，都应该展示在母婴使用场景中，这样能更好地吸引前来观看直播的粉丝。母婴类产品直播如图4-5所示。

4.2.4　美食类直播

美食类直播可以分为手工美食和鲜果美食两种类型。对于手工美食，可以在直播间内现场制作，这样可以有效地增加粉丝的观看时间；对于鲜果美食，可以在果园现场采摘，以展示直播间中的食材来源真实性。美食类直播如图 4-6 所示。若主播人设是吃播主播，则可以直接在直播间试吃，这样给粉丝的感觉也会更加真实。

图 4-5　母婴类产品直播　　　　　　　　图 4-6　美食类直播

4.2.5　运动类直播

在运动类直播中，可以先建立运动打卡互助模式，通过直播间的互动软件让粉丝随时打卡，增强主播与粉丝之间的互动性。在介绍健身器材时，避免只是简单列出产品，可以先打造出健身房的氛围，再详细解释各种器材的使用方法和规则。运动类产品直播如图4-7 所示。

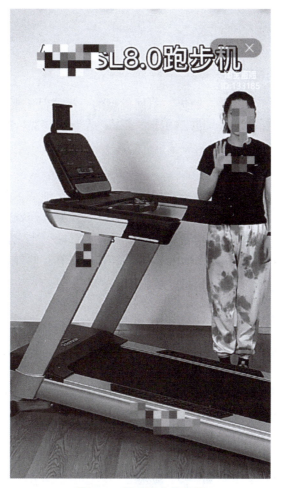

图 4-7　运动类产品直播

任务三　直播表现技巧

任务描述：随着移动互联网的快速发展，直播成为一种非常受欢迎的销售形式。无论是娱乐、教育还是商业领域，直播都能够为观众带来更直观、更真实的观看体验。然而，要想在直播中脱颖而出，需要一些特定的技巧和表现方式。只有掌握了这些技巧和表现方式，才能成为出色的主播。

任务分析：通过学习直播的各种技巧吸引用户购买，提高成交率。

任务实施：每 5 人为 1 组，完成以下任务。

观察直播，讨论分析该场直播中存在的问题并有针对性地进行优化。

任务评价：通过本任务的实施，学生可以从产品展示、场景搭建、直播语言等多方面掌握直播技巧。

知识链接

4.3.1 产品展示技巧

优秀的产品展示方式可以促进销售。不同类型的直播产品需要采用不同的展示方式。主要的直播产品类型包括服饰、鞋包、电子、食品以及母婴产品，接下来将针对这五类产品进行展示分析。

一、服饰类产品

在展示服饰类产品时，首先要展示全身效果，然后展示细节，让粉丝对服饰有完整的认知。最好能有模特展示，让粉丝看到衣服的实际穿着效果，模特的选择应与衣服目标客户群体保持一致。展示服饰细节时，不应简单展示，最好能突出设计的亮点，并配以主播的讲解。在近景展示时，突出衣服的细节、特色和整体感觉。此外，颜色选择应简洁，最好主推一至两种颜色。

二、鞋包类产品

对于包类产品，重点展示包的功能和特点，包括细节和材质。在展示鞋类产品时，应着重展示细节和整体感觉，主播可以手持鞋子，360°展示+近景细节展示，从各个角度展示鞋子，并介绍设计亮点。此外，还需要对鞋子的舒适性进行评估，如鞋底柔软可弯曲、弯曲后鞋面无痕迹、鞋面透气性好等方面。展示穿着效果时，主播可以穿着鞋子走动，展示各个角度的效果。对于关键卖点，重点介绍1~2个即可。

三、电子类产品

针对功能型电子产品的展示，重点突出产品的特色和功能。例如，对于电风扇等产品，着重展示产品的安装方法。对于创意类产品，除展示外观外，还需展示产品的独特创意和具体操作方法。此外，还可以对产品的各个配件进行特写展示，还原产品的应用场景，并展示其在不同场景下的功能。重点展示产品的主要特点和功能，也可以进行特色功能测试，如防水性能或耐磨性等。另外，在产品展示过程中，还应特别强调产品的售后服务和支持信息。

四、食品类产品

展示食品类产品时，应注重展示外包装、生产日期、质检标志等细节信息。展示包装内的产品，如茶叶、奶粉、麦片等，最好用开水冲泡进行展示。展示产品外观及基本信息如包装、产地、净含量等时，主播可以同时进行详细解说，以近距离展示产品细节，让粉丝对产品有直观的了解，包括产品的大小、颜色、形状等。针对食品类产品的营养价值、成分、口味特点，应进行说明和展示，介绍制作工艺、产地和原料等信息并展示产品的品牌 Logo，以增加信誉度。

五、母婴类产品

对于母婴服饰类产品，要特别展现小模特的可爱特质，并展示衣服的细节、材质和成分。对于母婴玩具类产品，应重点讲解和展示功能作用和产品的安全性。在展示产品外观时，要整体展示，说明规格，展示基本属性如尺寸和颜色。重点展示产品的材质、细节和

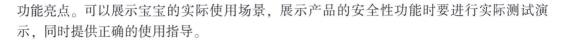

功能亮点。可以展示宝宝的实际使用场景，展示产品的安全性功能时要进行实际测试演示，同时提供正确的使用指导。

4.3.2　搭建主题氛围技巧

如何给产品搭建主题氛围？首先，应确定直播间的主题类型，再根据直播间主题类型，策划直播主题。

一、直播电商主题类型

直播电商的主题类型主要包括四种：卖货型直播、产品引入型直播、教学型直播和产品源头型直播，如表 4-2 所示。

表 4-2　直播电商主题类型

类型	具体内容
卖货型直播	这类直播的普通特征是产品多、货源充足，直播和粉丝互动目的都格外明确，只要简单问候、拉近与粉丝的距离，正常卖货即可
产品引入型直播	这类直播偏场景化，可在不同阶段介绍配套的产品，而粉丝黏性较高，用户群体比较忠诚，不会太在意价格
教学型直播	这类直播在使用过程中存在技巧，对于某种技能的必需品，可通过产品的教学展示来构成直播内容，与粉丝互动交流，达到销售目的
产品源头型直播	这类直播往往从粉丝的需求点出发，倾向于在产品原产地进行实况直播，比较注重粉丝的想法与互动要求

二、如何策划直播主题

通过挖掘产品周边信息来策划不同的主题。

4.3.3　商品销售语言技巧

在直播销售过程中，大多数商家希望通过快速提升品牌知名度，在激烈的市场竞争中脱颖而出，实现更高的销售额。为了成功，直播间需要解决三个关键问题：为什么购买这个产品？为什么选择这个品牌购买？为什么现在就要购买？通过在直播中巧妙回答这三个问题，可以让直播活动向成功迈出关键一步。

一、需求引导语言技巧

第一步是提出问题：结合消费场景表达消费者的需求和痛点，给消费者购买产品的理由。举例来说，夏季防晒是一个重要话题。不论是销售防晒衣还是防晒霜，最好先引出问题，使其成为直播讨论的焦点。问题表述应真实自然，可以从实际生活中总结各种情况，以简单的抱怨开始，如"今天天气很晴朗，我总是羡慕那些晒不黑的人，我的皮肤一晒就黑，夏天的强烈阳光让我苦不堪言"。注意提出问题后，不要立即深入也不要马上推荐商品，重点是引起观众共鸣。

第二步是放大问题：要全方位、最大化地突出消费者可能忽视的问题和潜在风险。以前文例子为基础，将不使用防晒品的危害尽可能夸大。举例："现在刚进入初夏，到秋天还有好几个月，无论我如何躲避，等到秋天我肯定会变黑，俗话说'一白遮百丑'，紫外线带来的风险真是令人担忧。"

二、引入商品语言技巧

提出问题后，会引发直播间关于该问题的讨论，主播需要控制讨论的节奏，适时引入商品介绍。商品介绍是直播销售中最基础且最影响转化率的因素之一，应根据消费者潜在需求设计情境介绍。专业介绍包括商品功效、成分、材质、价格、包装设计、使用方法、效果和受众等多方面，越专业越具有说服力（需要提前熟悉商品，准备好产品信息）。此外，情境化也是影响粉丝购买意愿的重要因素之一。使商品介绍情境化的简单方法是充分运用想象力，如"屋顶花园中弥漫的香气，非常适合夏天"或"穿着白色连衣裙，在海边漫步的女性展现出干净清爽的感觉"等场景感强烈的实体描述。即使消费者无法闻到气味或触摸商品，仍能通过想象感受到商品带来的体验，从而打动消费者进行购买。

三、赢得信任语言技巧

赢得消费者信任的直播语言核心有打消顾虑（提升信任感）、价格锚点、限量限地限时三种技巧。

（一）打消顾虑（提升信任感）

一些主播在推荐商品时，会分享家人或工作人员使用的经历，并展示自己的购买订单，以证明某款产品是"自用款"且被重复购买。这些看似不经意的举动和语言旨在消除消费者对商品的顾虑。主播在直播中现场试用商品，并分享使用体验与效果，验证商品的效能，增加说服力，获得消费者信任，并促使其购买产品。同时，描述消费者的使用需求和购买需求，双管齐下，激发购买欲望。

（二）价格锚点

在购物时，人们经常会遇到一些情况：某商品建议零售价为49元，实际却以39元售出；商店常常降价促销，将原价划掉，贴上优惠价；实体小商铺也会设定一个高价，等待顾客还价。这些被虚标的高价（原价）就是商家设置的"价格锚点"。即便顾客知道该商品实际价值仅为39元，但仍会感觉获得了实惠。消费者购买商品并非只是为了商品成本，更是为了商品所代表的价值感。

举例来说，某商品促销活动是购买两瓶直接减80元，相当于第1瓶价格为79元，第2瓶免费（直播间低价）；另一家在天猫旗舰店销售的商品标价为79.9元每瓶（旗舰店价格即价格锚点）；再者，购买商品再加2元即可获赠雪花喷雾，而单独售价为每瓶79.9元（超值福利，买到就是赚到）。

（三）限量、限地、限时

限量：创造稀缺感是一种常用的销售策略。例如，"这款商品现在数量非常有限，只剩下最后××件了。如果您喜欢，请务必及时下单，否则很快就会售罄!"

限地：这个价格只限在此直播间有。例如，"不用想，直接拍，只有我们这里有这样的价格。"

限时：通过倒数设置限时抢购，在直播中设定倒计时，限量产品即将售罄（或下架）。主播提醒观众，仅剩下××分钟即将恢复原价，制造紧迫感，促使消费者立即下单。例如，"仅剩下最后3分钟，错过的宝宝们赶紧下单，时间到了商品即将下架（恢复原价）!"

四、促成下单语言技巧

对于在直播中犹豫不决的消费者，主播需要善用语言技巧来激发他们下单的欲望。推

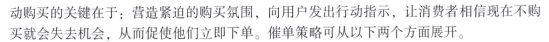

动购买的关键在于：营造紧迫的购买氛围，向用户发出行动指示，让消费者相信现在不购买就会失去机会，从而促使他们立即下单。催单策略可从以下两个方面展开。

（一）不断重复强调商品效果和价格优势

例如，在推销羽绒服时，主播可能说："这款羽绒服的设计非常时尚，面料也十分舒适。在直播间里，不是799元，不是699元，也不是499元，今天只需199元!"反复强调直播间价格的优势。

（二）不断提醒用户限时限量

通过反复倒计时的方式催促消费者下单，营造紧迫感，让他们觉得再不购买就会错过，如"产品数量有限，如果您感兴趣就赶快下单吧，很快会售罄的!""先付款的先得，最后两分钟了! 最后两分钟!""活动即将结束，请准备下单的观众抓紧时间!""数量有限，赶紧抢购吧，别错过这个机会!""最后2分钟，现在就是抢购的最佳时机!""马上活动就要截止了，还没下单的赶紧行动!"这种方式可以有效地营造紧迫感，促使消费者迅速作出购买决定。

> **📋 小贴士**
>
> 促成下单的直播转化秘诀，让消费者占便宜，以此刺激消费者的购买欲望，如：
>
> （1）制造紧迫感：直播开抢，整点抽奖，限时抢购。
>
> （2）制造稀缺感：全场唯一，独家售卖，定制款，明星款。
>
> （3）让消费者占便宜：只送不卖，全场5折，买产品就赠小样，特价。

促成下单的语言示例如下。

（1）捆绑式销售。"今天我给大家推荐一款全新的保暖内衣，这是我们公司最新研发的产品，绝对物有所值。原价是499元，但现在特别推出福利活动。只需要在购买我手上的这款羽绒服的基础上加5元，您就可以换购这套保暖内衣!"这种捆绑销售的促销方式可以提供额外的实惠，带来更多选择和价值。

（2）"全天候随机发放红包，要及时抢噢!"

（3）"关注点小红心，随机抽赠品。"

（4）"今天的促销力度前所未有，第一件8折，第二件6折，第三件只需5折。"

（5）"在右下角领优惠券，看10分钟可以领取10元优惠券，看20分钟可以领取20元优惠券，看直播悍间越长，领得越多哦!"

（6）比价加购物返现。"这款羽绒服，平时的售价是2 399元，而在我们的直播间仅售1 899元，此外，收货后好评，即可获得100元的现金返现。"这种比价购买再享返现的优惠可提升购物体验，让消费者体验到更实惠的购物过程。

（7）买高送低。"买价格高的羽绒服，就送1件价格低的羽绒服。"

（8）冷场语言。"请随时拍下您喜欢的商品，我们提供免费试穿服务。所有商品均包含免费运费险，并享有七天无理由退换货政策。"这种冷场语言可以让消费者放心选购，享受更加便利的购物体验。

任务四　主播 IP 打造

任务描述：好的 IP（知识产权）可以增强主播的辨识度，深化用户对主播的认知以及信任感。当主播被贴上标签，与标签融为一体时，主播便拥有了属于自己的 IP。树立独立的 IP，方便主播进行下一步更为精准的变现。需要着重说明一点，标签并非越多越好，每个人具有 2~3 个标签是最好的，而这些标签需具有识别度和精准度，要尽量选取最擅长的去做。标签多，则会造成识别度降低。

任务分析：通过学习主播 IP 的评价指标、打造主播 IP 的方法等内容，为自己设置一个合适的 IP。

任务实施：每 5 人为 1 组，完成以下任务。

为本组所有成员设定 2~3 个主播 IP，并讨论从哪些方面打造该 IP。

任务评价：通过本任务的实施，学生可以掌握主播 IP 的打造方法，为后续提升变现能力做好铺垫。

知识链接

4.4.1　什么是主播 IP

主播 IP 指的是主播的设定角色（也称为人物设定），主要包括姓名、年龄、身高、体重等基本信息，以及家庭背景、学历背景、职业经验、擅长领域、职业设定等背景设定。通过设定 IP，主播可以在直播中展现出更加丰富和独特的个人形象，吸引更多观众的关注和认可。

打造主播 IP，可以使个人定位更加鲜明和多维立体，让观众能够通过一个关键词或简短描述就记住主播。要达到这一目的，需要结合观众喜好、市场需求和个人发展方向，打造出独特的形象。主播展示给观众的一切内容都应吸引观众持续关注，从而实现稳定的直播带货业绩。通过塑造独特的 IP 形象，主播能够更好地与观众互动，从而建立品牌信誉。

4.4.2　如何评价主播 IP 价值

评价主播 IP 价值要从 3 个维度着手：内容值、人格化、影响力。

（1）内容值的评价指标包括 3 个方面：三观指数、跨界指数和兼容指数。三观指数评估主播的世界观、人生观、价值观与当今社会意识形态的契合程度，优质主播需时刻传递正能量；跨界指数评估 IP 在不同媒体平台上以多种形态传播，对不同受众产生的影响；兼容指数评估 IP 是否具有足够的改变空间，以适应不同发展方向。这些评价标准有助于确保内容具有价值、影响力并能吸引更多受众。

（2）人格化评价的指标包括标志性的性格、传播载体、标签和故事，从这 4 个方面评估主播是否具有亲和力、独特性、互动性，以及是否能够在公众的记忆中留下长久印象。这些指标有助于确保主播在直播中展现出个性化、独特性，吸引观众并保持他们的持续关注。

（3）影响力的评价指标包括流行领域、粉丝价值和自身流量。流行领域表示 IP 在一定时间内在全网内的覆盖范围和传播深度；粉丝价值是指粉丝数量以及他们的付费情况；自身流量是指主播是否具备凭借自身影响力从多个平台获得流量并进行流量分发，然后引发口碑传播的能力。这些指标综合评估了主播在直播领域的影响力和有效传播能力。

4.4.3 如何打造主播 IP

一、训练主播基本素质

无论主播 IP 是什么，主播都需要具备基本的素质，即主播的体态、面部表情、基本涵养等，如表 4-3 所示。

表 4-3 主播基本素质

序号	项目	要求
1	坐姿头部	保持端正自然
2	坐姿肩部	保持肩部放松、自然，肩膀能自由活动
3	坐姿胸部	自然舒展
4	坐姿腰背部	腰部要立直，背部要挺直，展示出昂扬的精神状态
5	坐姿腹部	腹部略微绷紧
6	坐姿手臂	手臂自然地放在桌子上，不能依靠手臂支撑身体
7	坐姿臀部	臀部置于椅子的 1/3 处
8	走姿双臂	摆臂时要自然而然地前后摆动，不甩臂，不乱摆
9	走姿双腿	走路时保持腰挺直、背立直，收紧双腿，膝盖直面前进方向
10	走姿腰部	走路时借助腰部的力量使身体前进，保持行走平稳
11	眼睛控制	注意找到镜头的焦点，目光不要分散到其他地方
12	眉毛控制	表达认真，下压眉毛；表达得意，抬高单侧眉毛
13	鼻子控制	通过面部略微倾斜，表现鼻子的协调
14	嘴巴控制	通过上扬嘴角传达亲和力
15	音量控制	保持 3 米内能听清楚
16	语速控制	保持每分钟 200~300 个字
17	手势控制	可设计一些固定的数字和指示手势，在固定场景下使用
18	心态控制	保持平和的心态，情绪不能被不好的事情影响

二、定位主播 IP

主播 IP 的形成是标签化的过程，主播可能拥有一个或一组标签，具体数量因人而异。在打造主播 IP 的过程中，需要找到具有传播力和易记性的标签来定位主播。这些标签并非主播自称，而是通过行为表现塑造而来。当这些行为模式变得固定且持续时间较长时，观众便会记住与这些行为相关的标签。这种标签化的定位有助于让主播在观众心目中形成独特的形象，从而提升品牌认知度和吸引力。

主播适合什么样的标签可以通过 3 个问题确定：我要卖什么？我要吸引谁？我是谁？

如表4-4所示。

表4-4　定位主播IP需要考虑的三大问题

序号	问题	具体内容	举例
1	我要卖什么	明确主播带货的商品品类	美妆类商品
2	我要吸引谁	明确目标群体，绘制用户画像	30岁左右，有一定工作阅历和积蓄，希望通过化妆提升颜值
3	我是谁	根据带货商品品类、用户画像确定主播IP	美妆达人

三、挖掘优质直播内容

确定主播IP后，关键是提供优质内容来建立与之相关的标签，让观众记住。优质内容需要具备六个关键要素，如表4-5所示。

表4-5　优质内容六要素

序号	内容要素	具体内容
1	商品卖点	提炼出商品的卖点
2	商品周边内容	准备与商品相关的内容，如直播带货美妆商品，可以准备化妆的教程
3	直播环境	可以利用自己所处的环境作为直播场地，提高真实性。例如美妆商品直播，可以在商场销售美妆商品的区域直播，增强信任感
4	差异化内容	直播平台上同类主播非常多，必须要让观众发现自己的不同之处。同样是美妆商品，其他主播发布美妆教程，你可以发布垂直内容，专门面向大学生发布美妆内容，或专门面向成熟女性发布美妆内容等
5	传递健康价值观	品牌想要实现可持续运营，必须向社会公众传递健康的价值观，切忌发布违反平台规定的内容
6	持续性创作	确定的主播IP必须能够支持内容持续创作，保证运营人员有素材可以挖掘，做到持续输出内容。只有这样，运营人员才能开展持续的粉丝运营，不断积累粉丝，增强粉丝黏性

四、打造直播亮点

要想在直播平台上打造深受欢迎的IP，主播必须确保自己的直播内容独具特色且符合观众需求。很多主播缺乏经验，倾向于模仿其他主播的IP，这种做法难以展现个人特点，且容易导致观众审美疲劳，难以建立深刻印象。要在众多同行中脱颖而出，打造独特且不可复制的直播亮点至关重要。主播可以从3个方面着手塑造直播亮点。

（1）主播可以通过展示自身的专业技能来打造直播的亮点。例如，主播可以展示其化妆技巧、服装搭配技巧等专业技能。又如，在推荐数码产品时，主播可以进行专业的产品测评。另外，通过展示专业技能，主播不仅能树立自己专业过硬的形象，还能形成直播的独特亮点，加深观众对主播的印象。展示专业技能可以提升观众的信任感，使主播在众多竞争对手中脱颖而出。

（2）主播可以通过个人直播风格创造独特亮点，因为不同性格的主播会展现出不同的直播风格。例如，一些主播风趣幽默，可以将产品介绍变成幽默段子，轻松愉快的氛围活跃了直播间，促进观众互动。除了幽默风格外，主播还可以设计引人入胜的情节，使用地方方言等方式营造个人独特的直播风格。主播的独特直播风格越显著，越能吸引更多关注。通过展现独特的风格和个性，主播可以更好地与观众建立连接，增加粉丝忠诚度。

（3）主播独具特色的语言标签能够成为直播的亮点。例如，某主播在对商品效果感到满意时经常会喊出各种口头禅，而这些口头禅成为他独特的语言标签。这种个性化的语言特点能够凸显主播个人风格，加深观众对主播的印象，提升直播的独特魅力。

在直播中创造独一无二的亮点有助于完善个人IP，深化观众对主播的了解。这些独特的直播亮点不仅提高主播的吸引力，还有助于赢得更多观众的喜爱，有助于主播构建更具吸引力的IP形象。

五、推广主播

对于主播来说，要让个人IP发挥作用，推动直播销售额增长，推广工作至关重要，以吸引更多人了解并成为粉丝，为直播间带来更多流量。如果主播希望在直播间外进一步推广自己，吸引更多流量，就需要充分利用社交平台的影响力。这样能够扩大影响范围，提升个人IP的认知度和吸引力。

社交平台提供了各种多样的互动方式，从朋友圈的点赞评论、微博的分享转发，到微信群的话题讨论，都是有效的互动手段。在社交媒体盛行的今天，主播IP的建设和推广需要与观众互动。为了加深与观众的联系，建立信任，主播应充分利用微博、贴吧等社交平台，展开多方面的互动。需要注意的是，主播与观众的互动并非只在于互动本身，而是应注重技巧，确保互动的有效性。

推广主播的具体内容包括以下三个方面。

（1）充分展示个人形象是关键。在与观众互动时，主播应注重展示个人形象。例如，如果主播已经被赋予"穿搭小能手"或"仿妆高手"等标签，与观众互动时应抓住机会展示自己的专长，加深观众对自己的了解。这样可以巩固个人形象，增强观众对主播的信任和认同感。

（2）持续关注热点话题。主播在与观众互动时，应始终关注热点话题。通过关注热点话题，主播可以巧妙地引入相关信息，植入社交媒体中，吸引更多观众的关注和转发，进而达到口碑营销的效果。持续关注热点话题有助于保持内容的新鲜感和吸引力，提升观众互动和参与度。热点话题转瞬即逝，主播若要利用热点，必须掌握时机。主播需要迅速把握热点的时间节点，及时行动，抢占先机。只有快速借势并推广，主播才能实现良好的推广效果。抓住时机、抢占先机，是利用热点进行推广的关键。

（3）根据观众需求定制活动。为了成功推广个人IP，主播需要根据观众需求定制活动，激发观众的参与热情，加深对主播的认知。在社交平台上开展活动时，主播应紧密关注观众需求。举例来说，主播可以在微博上举办转发抽奖活动，奖品可以是直播间口碑最好和销量最高的商品，从而吸引更多观众参与互动。定制活动需要充分考虑观众的兴趣和需求，以提升观众参与度和活动效果。

在主播与观众互动的过程中，社交媒体是不可或缺的工具。主播善用这一工具，不仅能够满足观众需求，还能够优化个人形象，巩固并扩大个人IP的影响力。在个人IP推广中，主播需抓住时机、灵活运用热点，顺势利用大环境，借助热点的传播力量，提升个人IP的影响力。

任务五　主播带货变现能力提升

任务描述：主播应该要具备表达能力、说服能力、变现能力，表达能力是主播基础能力，说服能力是主播和观众建立密切联系的关键能力，变现能力是主播提升收益的重要能力。要想提高主播变现能力，需要对粉丝停留时间、转化率等数据进行分析优化。

任务分析：通过学习影响变现能力的数据指标，提升主播变现能力。

任务实施：每5人为1组，完成以下任务。

1. 分析直播间的基础数据，了解直播中的哪个时间段或者哪个产品是有问题的，复盘后改变策略重新进行测试。

2. 分析直播间的观众来源，清楚了解观众是从哪个渠道被吸引进直播间的，主动研究那个渠道的客群，对症下药，开展更有针对性、更高效的优化策略。

3. 分析直播间的4项重点数据，即观众停留时长、平均与峰值人气、产品转化率及UV价值，这是对直播间进行更深层次的评价和考量标准。

知识链接

4.5.1　如何提高直播带货转化

一、增加粉丝停留时长

粉丝看一眼直播就走掉的主要原因可能包括以下几点。

（一）画面质量差

画面质量差的表现如表4-6所示。

表4-6　画面质量差的表现

表现	具体内容
画面元素太繁杂	轮播条、浮沉图、信息卡等工具面积过大、位置不当等，会影响粉丝观看直播的体验
网络信号不稳定	网络信号不稳定，会导致视频与声音不同步、直播画面卡顿，从而严重影响粉丝的直播购物体验
视频清晰度差	视频清晰度差，粉丝无法看清展示的商品；感觉不美观，感觉主播不专业、对粉丝不负责，因此，无法取得粉丝的基本信任
光线暗、亮度不足	光线太暗，会造成粉丝无法看清商品细节且给粉丝的感觉是画面很脏
直播环境糟糕	看到直播环境比较脏，直播环境中物品的摆放杂乱无章，粉丝一般会没有心思继续看直播的

（二）主播形象差

主播形象差的表现如表4-7所示。

表 4-7 主播形象差的表现

表现	具体内容
主播精神状态差	主播不主动说话；主播面露愁容、无精打采；主播在直播间骂人
服装搭配比较糟糕	未准备直播服装或者直播服装不适宜
面部化妆比较糟糕	面部未化妆或者化妆不合适
主播发型糟糕	发型与服装、脸型不搭配

（三）主播解说不专业

主播解说不专业的表现主要包括解说内容错误、失误、口误以及口齿不清等问题。这些不专业的表现会影响直播质量，降低观众体验。主播解说不专业的表现如表 4-8 所示。

表 4-8 主播解说不专业的表现

表现	具体内容
解说内容错误	主播将商品的功能、参数、用途、使用场景说错，90%新主播都会犯这样的错误，这是因为对商品不太熟悉。建议在直播之前对直播的所有商品进行系统了解
解说失误	主播错误地将其他商品的属性说成当前正在解说的商品的属性
解说口误	未经过大脑思考脱口而出，产生了口误
主播口齿不清	主播发音不准或者用方言直播，粉丝听不懂直播解说内容

（四）直播内容不匹配

直播内容不匹配的表现如表 4-9 所示。

表 4-9 直播内容不匹配的表现

表现	具体内容
与预告不匹配	粉丝通过直播预告进入直播间，发现直播活动、商品等与直播预告不符合，感觉被欺骗，因此直接下线
与封面不匹配	粉丝对封面的人（如某个特定的达人主播）或物感兴趣，进入直播间后却发现封面的人或物并没有出现在直播间，感觉受到了欺骗

（五）与消费者需求不匹配

粉丝在观看直播时，可能会意外进入某个直播间。若粉丝对直播间的商品或当前展示的产品不感兴趣，或者没有购物需求，很可能只会匆匆看一眼就离开。

粉丝在直播间停留的时长是决定直播效果和粉丝转化的关键因素，以下是影响粉丝停留时长的 5 个因素。

1. 解说有趣

对于无趣的直播间，粉丝不仅停留时间短，而且下单率也普遍不高。

2. 内容丰富

主播丰富的解说内容有助于全面介绍商品。粉丝在作出购买决定之前通常需要充分了解商品的特点。通过提供丰富的解说内容，主播可以吸引粉丝在直播间多停留一段时间。

3. 内容易懂

如果粉丝无法理解主播使用的语言和内容，他们将会立即离开直播间。主播应使用标准的普通话，并以通俗易懂的语言解说商品，这样可以吸引更多粉丝停留在直播间。

4. 内容有用

在直播间中，很多粉丝一开始并没有购物意愿，他们通常需要经历"种草"的过程才可能下单购买。所谓"种草"，即解释商品的使用场景、适用对象和具体用途，这样可以吸引粉丝停留更长时间，增加购买意愿。

5. 利益相关

许多直播间的粉丝属于冲动购物型，他们可能并非有迫切的需求，但受某些因素影响会突然下单。也有很多粉丝已经挑选好商品，但会在不同直播间比较，寻求最优性价比。优惠券和红包不仅可以促使冲动购物型粉丝下单，也能引导追求高性价的粉丝下单，有助于增加粉丝在直播间内停留的时间。增加粉丝停留时长的方法如表 4-10 所示。

表 4-10 增加粉丝停留时长的方法

方法	具体内容
优质场景的布置	直播背景： 直播背景契合直播主题与内容； 直播背景内容与颜色简洁明了； 直播背景清晰可见、位置端正
	直播环境： 非直播相关东西不出现在直播环境中； 直播环境中不出现过多的颜色； 直播环境中的物品摆放整齐有序
	灯光搭配： 灯光搭配包含面光灯、顶灯、环境灯； 粉丝能够看清主播面部、发型、着装； 粉丝能够看清展示的商品细节； 粉丝看到的画面未出现色差或颜色不适情形
直播利益引导	抽奖： 关注留言+主播截屏； 在直播间里设置实物的大转盘，通过大转盘来抽奖
	优惠券发放： 单个商品的优惠券，只对单个商品有效； 店铺优惠券，适合店铺的所有商品
	红包： 口令红包； 红包雨； 截屏红包

续表

方法	具体内容
优质表达方式	讲故事： 分享产品故事，引起粉丝观看的兴趣
	讲场景： 将产品与场景相结合，让粉丝有代入感
	作类比： 将直播产品与其他产品对比，让粉丝更容易获取本产品的卖点
定期直播互动	来客欢迎： 欢迎新进入直播间的粉丝，并且定时、不定时欢迎
	问题答疑： 及时回答粉丝问题
	产品提醒： 及时提醒粉丝正在直播的产品

二、引导粉丝在线与主播互动

引导粉丝在线与主播互动的技巧如表 4-11 所示。

表 4-11 引导粉丝在线与主播互动的技巧

技巧	具体内容
直播印记引导	定期提醒粉丝互动： 提醒粉丝将想咨询的疑问主动说出来； 咨询粉丝想了解的产品
	配合利益引导，优惠措施也是活跃直播间气氛的必要方法： 红包； 抽奖； 优惠券
	产品卖点展示： 卖点展示很容易说到粉丝的心坎里，每场直播都需要精心策划直播脚本，在直播脚本中需提炼产品卖点
主动寻找话题	结合热点： 大众群体都有一个习性，即"凑热闹"，凑热闹的特征是关注热点话题与事件，围绕热点话题、事件展开，能够很好地拉近与粉丝的距离
	结合产品： 围绕商品本身寻找、设计一些话题，在讲解商品的时候穿插话题，不仅可以展示商品，更可以增加解说的生动性
	结合粉丝： 主动与直播间某些有特征的粉丝进行针对性的互动，比较适合能够准确抓住粉丝特征的主播，聊天的时候要注意尺度

技巧	具体内容
主动与老粉互动	**记住老粉关注：** 老粉会在某些时候提出一些问题，如商品的价格、商品的使用人群、使用的场景等。需要及时记录这些信息，当老粉再次来看直播的时候，需要及时、准确地主动回答这些问题
	记住身份特征： 主播需要记住经常互动的粉丝的身份特征，具体方式如下：下播后及时记录并通过看直播回放的方式记录。这些身份特征可以成为聊天的切入点，粉丝比较关注自身，主动聊到这些切入点的时候，粉丝一般都会有回应
	沟通使用体验： 部分下单的老粉会有经常进直播间看直播的习惯，当发现这些人进入直播间时，可以与他们互动，询问使用的体验
设置解说悬念	**产品功能：** 围绕产品本身巧妙设置悬念，通过悬念引起粉丝主动互动
	使用场景： 结合讲故事的方法，合理地设置使用场景悬念
	使用人群： 围绕使用人群制造合适的悬念，也可以增加粉丝的互动频率

三、让沉默粉丝积极提问

粉丝积极提问显示他们对商品和直播感兴趣，有购买意愿。具有购买意愿的粉丝通常会关注产品细节。一些粉丝特别关心售后服务，会询问退换货事宜；一些粉丝则关注价格，会提出关于红包和优惠券的问题。粉丝不积极提问的原因如表4-12所示。

表4-12 粉丝不积极提问的原因

原因	具体内容
当前无购买需求	粉丝无购物需求，基本上不会在公屏弹幕区提问
直播时长较短	电商直播平台都有一个逻辑：把优质粉丝推送给优质的主播，把粉丝推送给努力的主播。基于这个逻辑，主播的直播时间不长，平台给直播间推荐的粉丝就少，直播间观看直播的观众较少，提问的概率自然就低
直播间粉丝数量少	直播间观看人数少，直播氛围差，提问的粉丝也会比较少
粉丝找不到组织	多数新手主播经常忘记提醒粉丝关注账号，而粉丝需要主播的不断提醒才能关注账号。因为未关注账号而导致粉丝流失，流失的后果就是直播间无人观看

许多新手主播常常忽视提醒粉丝关注他们的账号，粉丝需要持续的提醒才能关注主播的账号。如果粉丝没有关注主播的账号，就会导致粉丝流失，而这会导致直播间无人观看。

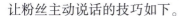

让粉丝主动说话的技巧如下。

(一) 开源引流积粉

(1) 站内引流。

充分利用直播平台提供的资源和工具，进行引流，通过积累粉丝，可以有效增加直播观众数量。引流方法包括发布直播预告、付费推广直播间等。这些举措可以提高直播的曝光度，吸引更多观众参与直播。

(2) 站外引流。

通过在各类自媒体、短视频平台和种草平台发布内容，将流量引入直播间。电商平台通过站外引流，为主播增加进入直播间的站内流量。这样的流量导入方式可以提高直播间的曝光度，吸引更多观众进入直播间观看直播。

(3) 技巧留粉。

为了留住进入直播间的粉丝，主播需要设法吸引他们关注直播账号，仅依靠引流而不持续提升直播技巧来留住粉丝，无法获得预期效果。持续改进和提升个人直播技巧对留住粉丝至关重要。

(二) 增加直播时长

(1) 增加单次直播时长。

新手主播应在条件允许的情况下尽量延长单次直播的时长。直播时间越长，平台推送至直播间的流量就会越大，积累下来的流量效果将会十分显著。

(2) 单日增加直播次数。

虽然单次直播时间过长会给身体带来负担，但可以考虑增加单日直播的次数。电商直播平台通常青睐直播次数较多的主播。直播次数增加，平台可能会适度提高对直播间的流量推送。这样能够提高曝光度，为观众更多参与直播提供机会。

(3) 单日增加主播的数量。

店铺直播可以采取一天内让多个主播轮流直播的方式，以增加直播时长。这样粉丝在直播间可以看到不同的主播，获得很好的观看体验。

(三) 固定时间直播

(1) 选择合适时段直播。

利用过去直播数据，分析哪个时间段有最多的人进入直播间；通过直播平台提供的工具，收集平台主要流量的时段信息；查阅行业报告，找出某类商品直播人气最高的时段。这些分析能够帮助主播更好地安排直播时间，吸引更多的观众参与。

(2) 单个主播定时直播。

对之前收集的不同时段进行测试，在每个时段连续测试数天，找出最令人满意的时段作为未来固定的直播时间。这样可以有效地吸引更多观众并保持稳定的直播节奏。

(3) 多个主播定时直播。

多个主播定时直播，既可以在早上直播，也可以在晚上直播。

(四) 私域运营粉丝

(1) 站内建群，运营粉丝。

利用平台内的社交工具创建群组，将购买过商品的粉丝拉入群内，并在直播间引导粉丝加入。在群组中不定时发放红包或优惠券，同时分享一些实用知识和干货内容。这种群组活动能增加粉丝互动，促进粉丝参与度，提升直播效果。

（2）站内私域，流量运营。

充分利用直播平台的私域流量工具，私域流量运营得好，可以为直播间带来大量的人气，比如淘宝的微淘。

（3）站外建群，运营粉丝。

通过多种方式吸引站外粉丝并引导他们加入特定的社群，每次直播前在群内发布预告，直播开始后在群内提醒粉丝。这种做法可增加直播的关注度，提高粉丝互动，并有效地促进直播效果的发挥。

四、快速判断粉丝是否有消费意愿

粉丝作为一种消费群体，在消费时会展现出一定的行为和价值观。下面介绍快速判断粉丝是否具有消费意愿的技巧。

（一）互动比较频繁

（1）互动频率高。

粉丝有消费意愿，就会不停地与主播进行互动，希望将关心的问题弄明白。

（2）大量提出影响决策的问题。

粉丝提出关于商品核心要素的问题，如材料是否健康无污染、商品是否安全无害等，说明他们已经具有明显的购买意愿。在这种情况下，重要的是要及时和详细地回答问题，以满足粉丝的需求。

（3）要求主播多角度展示商品。

当主播展示出现问题时，粉丝可能无法清晰地看到商品的外观和细节。如果粉丝已经表现出明显的购买意愿，他们可能会要求主播根据他们的意愿展示商品，以满足他们对商品的需求。

（4）主动索要优惠券。

只有当粉丝对商品产生了兴趣并有购买意愿时，才会主动向主播索要优惠券。在这种情况下，主播应及时回复粉丝，并提供领取优惠券的方法。如果没有相应的优惠券，主播可以告知粉丝哪些商品可以使用优惠券。

（二）粉丝偶怼主播

（1）问题被忽视。

问题被忽视包括粉丝提问未被重视和主播没有及时回复粉丝的问题。粉丝的提问若得不到解答，可能会表现为以下三种情况。

①当场直接离开直播间。

②在直播间反复提问，提醒主播解答问题。

③在直播间怼主播。

粉丝对商品十分感兴趣，才会产生以上反复提问及怼主播的情况（黑粉除外）。

（2）产品介绍错误。

在某些情况下，粉丝可能对商品有深入的研究，甚至比主播更专业。如果粉丝在直播间发现主播的解说有误，可能会纠正或对其表示质疑。此时，主播应及时承认错误，理解

并挖掘粉丝的需求，引导其完成购买。

(三) 比较关心参数

商品参数涵盖规格、数量、成分、配方、样式等内容。当主播注意到某些粉丝反复确认商品的规格、数量、成分、配方等细节时，可以确定这些粉丝对商品非常关注，表明他们有购买的意愿。

(四) 比较关注场景

(1)适合谁用。

许多粉丝购买商品并非为自己使用，而是为他人(如亲人、朋友)购买。因此，为了确认产品是否适合特定人群使用，他们可能会反复向主播确认商品的使用人群及使用细节。当遇到这种情况时，主播应抓住机会在清楚解答问题的同时，引导粉丝下单。

(2)怎么使用。

主播应清晰地介绍商品的具体使用方式：例如，驱蚊液可以分为喷雾剂和点燃剂，喷雾剂需对准身体部位喷洒，而点燃剂需要通电让驱蚊成分挥发。当粉丝询问商品使用方法时，说明他有意愿购买，主播应提供详细的指导。

(3)在何场景下使用。

粉丝购买商品时会更加关注商品的使用场景，包括在何地、何时以及在何种情况下使用。通过塑造使用场景，可以激发粉丝的购买需求。当粉丝主动讨论商品的使用场景时，表明他们在思考购买后如何使用该商品。主播在回答问题的同时，可以补充一些相关的使用场景，以进一步引导粉丝购买。

(五) 比较关注价格

关注价格主要表现在两个方面，即不断询问商品价格和优惠活动。不断询问价格和优惠的人群大致可以分为经济情况比较拮据的人和有这种购物习惯的人。

(六) 关心快递发货

关心快递发货、售后服务也是粉丝即将下单的一种表现。关心主要体现在以下3个方面。

(1)关心快递的问题。

可能有某些快递无法送达粉丝之处，也可能是粉丝之前与某些快递员发生过不愉快的事情。

(2)关心发货的问题。

粉丝可能比较心急，希望尽快收到商品，或者粉丝有特殊的情况。

(3)关心售后的问题。

可能是粉丝之前购物遇到过售后问题，希望不要再出现；或者粉丝比较挑剔，担心退货、换货遇到问题。

五、给直播间的游客种草

种草就是激发消费者的购买欲望，是现代产品营销必不可少的策略。这一策略在消费端演变为种草、长草及拔草。

直播间的游客类型包含闲逛型游客、拔草型游客和目标型游客。

(一)闲逛型游客

闲逛型游客没有明显的购物目标与目的，只是为了打发时间。

(二)拔草型游客

相对于闲逛型游客，拔草型游客有明确的购买目标，还在寻找购买渠道。

(三)目标型游客

目标型游客有明确的购买目标且有明确的购买渠道。

下面通过一个案例来具体分析如何给直播间的游客种草。

❖试穿演示

在演示时应注意走位，远景展示整体搭配效果，近景突出服装设计亮点。要确保直播间观众可以清楚地看到服装的前后左右效果。

❖风格讲解

风格是一件衣服所传达的整体感受，而一个人偏好的衣服风格通常是固定的。在展示衣服时，需要向直播间观众介绍衣服的风格，如韩式、日式、欧美、小香、名媛、学院等风格，以帮助他们更好地了解和选择适合自己的款式。

❖版型讲解

身材越不标准的人，对版型的要求越高。

宽松版型包容性强、显瘦，长版型可遮臀部、遮大腿，修身版型显得人比较精神。

❖颜色讲解

讲解衣服的整体颜色给人什么样的感觉，如白色典雅、黑色酷感十足、紫色高贵、粉色可爱等。

讲解颜色给人带来什么好处，如正红色显皮肤白、黑色显瘦等。

❖面料讲解

介绍衣服面料的质量和优点：例如，纯棉吸湿透气、聚酯纤维造型挺括不易变形、针织细密保暖、皮衣防风高档等。这些信息可以帮助客户更全面地了解衣物的特性和适用场景。

近景演示面料的细节纹理、柔软度、舒适度。

❖讲解图案/工艺/细节——设计亮点

讲解衣服图案的流行元素，突出衣服的时尚感。

讲解衣服的工艺精致度、成本。

展示衣服的小细节。

❖讲解搭配/穿着场景

演示搭配非常重要，一衣多穿是衣服性价比的绝佳体现点。

讲解搭配时，不能空讲，而应尽量把整套搭配展现在镜头前。

为主推款提供两种不同风格的搭配，以满足粉丝在不同场合(如约会、休闲、工作等)的需求。这样可以扩大搭配的可能性，使粉丝更容易在不同生活场景下选择适合的服装。

❖价格与库存

先报原价，对比强烈，可以激发粉丝对于"捡好货"的欲望。

再强调性价比，可以用对比法、稀缺法、参照法。

最后报秒杀价、库存和码数，引导粉丝下单。

4.5.2　如何促进购买

与传统的电视购物不同，直播带货可以实现主播与粉丝面对面的互动沟通。可以通过及时与粉丝互动，解答他们对产品的疑问并展示产品的实际效果来消除粉丝的顾虑。

一、多种手段促进粉丝下单

为什么要做促销？原因有很多，主要包括八个影响因素，如表4-13所示。那么，促销有哪些方法呢？常用的有十种，如表4-14所示。

表4-13　做促销的原因

影响因素	具体内容
新品上市	新品上市吸引顾客，缩短产品入市的进程
刺激初次购买	激励消费者初次尝试购买，达到使用目的
再次购买	激励使用者再次购买，建立并巩固消费习惯
增加购买量	增加消费者每次购买数量，提高销售业绩
竞争手段	促销是种市场竞争手段，保护市场
宣传附送品	带动宣传附送品或相关产品市场
节庆酬谢	节庆酬谢，增加与消费者的亲和力
处理库存	处理仓库积压库存

表4-14　十种促销方法

促销方法	具体内容
纪念促销	节日：六一儿童节、七夕、圣诞节等 会员：VIP、会员日等 纪念日促销：生日特惠等
引用举例式促销	产品卖点：功能促销等 产品特性：闺蜜推荐等 效果对比：用前用后等 新品促销：新品九折等
限定促销	限时促销：秒杀等 限量促销：仅100件等 单品促销：孤品限定等 以上可按照阶梯式开展
组合促销	捆绑式：套餐购买半价等 套餐式：买A送B等 连贯式：第2份半价等
奖励促销	抽奖：购买即可抽奖，选取幸运用户 互动：收藏分享享优惠 优惠券：代金券、抵金券、现金券

促销方法	具体内容
借力促销	热点：节日、重大事件、明星 依附：某某赞助，依附节日进行预热
临界点促销	极端：全网 9.9 元 最低：低至 2 折 最高：最高 99 元
主题促销	主题式：感恩大回馈 公益式：购物即为公益捐款 联合式：A 品牌与 B 品牌联合，打造购物盛宴 配合平台式：平台活动（"双十一"等）
时令促销	清仓：清仓大甩卖 反季节：冬衣夏卖
其他促销	悬念式促销 反促销式促销 通告式促销 稀缺式促销 竞价式促销

二、消除粉丝疑虑，促使付费购买

粉丝常常会有关于产品质量、价格、用途、快递、售后等方面的疑虑。为了消除粉丝的疑虑，可以采用表 4-15 中列举的方法。

表 4-15　消除粉丝疑虑

方法	具体内容
品质	原材料：介绍原材料的来源，如这个材料是从国外进口的
	制作的工艺及流程
	粉丝评论
	粉丝故事
用途	现场演示
	播放宣传片
	展示粉丝使用的照片，比如通过商品评论区找一些粉丝使用的照片会更加真实
价格	放大优惠策略，如优惠券、红包、抽奖
	强化好价格代表好品质的消费概念

续表

方法	具体内容
快递	快递能否到达？ 原因：可能部分快递无法到达粉丝收件地址 方案：询问粉丝哪些快递可以到达其收件地址
	快递是否快些送达？ 原因：粉丝比较着急使用 方案：按快递公司口径回答
	是否会损坏商品？ 方案：告知粉丝商品包装方案，并且告知损坏包赔
售后	退货问题 方案：主播需要如实解说店铺的退货政策
	换货问题 方案：主播需要如实解说店铺的换货政策
	理赔问题： 方案：主播需要如实解说店铺的理赔政策

三、塑造主播专业形象，增强粉丝购买信心

为了塑造主播专业形象，增强粉丝购买信心，可以采用表4-16中列举的方法。

表4-16 塑造主播专业形象的方法

方法	具体内容
自信 让直播具有感染力	形象彰显气质：形象匹配产品
	语言轻松流畅：语言是判断人是否自信的最好工具之一
	表情自然坚定：严禁面无表情、表情呆滞、面露愁容
有趣 让直播内容生动、解说不枯燥	非负面口头禅：可在直播时经常使用效果好的口头禅
	解说生动诙谐：解说内容应生动诙谐
	解说不枯燥：严禁枯燥地开展电商直播
耐心 对粉丝奉若上宾	无人互动时：按照直播脚本规划开展直播工作，忌不耐烦
	互动太多时：逐一回答问题，并提醒场控通过文字配合回答
定时直播 与粉丝建立信任链接	直播前提醒：发直播预告、站内社群提醒、站外社群提醒
	直播后通知：发直播公告、站内社群通知、站外社群通知
	下播后维护：告知下单商品尽快发出、感谢粉丝观看捧场

四、不降价也能直播促销的实用手段

所谓不降价促销指的是并非降低价格，而是通过一系列措施让消费者感觉购买商品更具性价比。常见的不降价促销手段包括发放红包、提供优惠券、举办抽奖活动、特定地区

包邮、买赠政策以及提供特定服务，如表 4-17 所示。

表 4-17　常见的不降价促销手段

手段	具体内容
发红包	提醒式发红包：开播前在站内社群内发红包，告知开始时间及适用商品 开播中发红包：按照时间节点发红包，在聚人气的同时，也提升订单量
	两种红包类型： (1)通用型红包：店铺内所有商品均可使用 (2)单一型红包：特殊商品可以使用，非特殊商品不可以使用
	红包使用门槛：满金额使用对应金额红包
发优惠券	开播中发优惠券：按照时间节点发优惠券
	2种优惠券类型： (1)通用型优惠券：全体商品均可使用 (2)单一型优惠券：特殊商品可以使用
	结合亲密度等级，设置优惠券领取门槛(如新粉、钻粉、铁粉、挚爱粉)
	优惠券使用门槛：满金额使用对应金额优惠券
抽奖	开播前抽奖：为了活跃气氛，在刚开播阶段开展抽奖活动 开播中抽奖：设置抽奖条件(如点赞达量触发抽奖机制)
	截屏抽奖：粉丝在公屏留言，主播定时截屏，按照顺序确定奖项
	转盘抽奖：在直播间设置实物转盘，奖品明确，依规则抽奖
特定地区包邮	大件商品包邮：大件商品(大件一般不包邮)特定地区包邮(近)
	普通商品包邮：之前部分地区包邮的商品，扩大包邮区域(较远)
买赠	达量送：粉丝在直播间购买足够数量的商品，即可获得相应赠品
	买就送：粉丝在直播间只要买某些特定的商品，即可获得相应赠品
享受特定服务	延长售后时间：之前售后时间为 1 年，在特定时间内购买再延长 1 年
	赠送相应配件：如想更好地使用商品需购买相应配套物件，赠送配件

任务测验

一、单选题

1. 什么样的人设容易被粉丝记住？(　　)

A. 让人一看就喜欢的人设　　　　B. 让人一看就讨厌的人设

C. 具有辨识度的人设　　　　　　D. 模仿网红大号的人设

2. 在销售时，主播的哪种做法是不正确的？(　　)

A. 用销售逻辑和话术打动粉丝

B. 只需要强调低价，因为价格低就可以促成购买

C. 通过示范和讲解，创造需求来打动粉丝

D. 用分享好物的心态，帮顾客提升生活品质

3. 在直播过程中，当粉丝质疑产品的真实性时，以下策略中不恰当的是(　　)。

A. 现场试用产品　　　　　　　　　　B. 主播作出保证

C. 讲述使用经历　　　　　　　　　　D. 包邮并提供运费险

4. 导购促销类主播要求有以下哪个特点？(　　)

A. 对产品如数家珍　　　　　　　　　B. 直播内容有趣

C. 是店长或者老板　　　　　　　　　D. 颜值高

5. 以下时间段中，不太适合作为大型直播活动的预告时间的是(　　)。

A. 提前一个月　　　　　　　　　　　B. 提前一周

C. 开播前 3 天　　　　　　　　　　　D. 开播前一天

二、多选题

1. 下列不同品类的商品卖点中说法正确的有？(　　)

A. 食品的品牌可以成为卖点　　　　　B. 手机的材质可以成为卖点

C. 床品的好评度可以成为卖点　　　　D. 衣服的穿法可以成为卖点

2. 直播间变现方式有哪些？(　　)

A. 带货变现　　　　B. 广告变现　　　　C. 虚拟货币变现　　　D. 内容付费

3. 进行直播讲解时，主播运用的产品价值包装术包括哪些要点？(　　)

A. 展示产品成本　　B. 挖掘痛点　　　　C. 描绘好处　　　　　D. 产品及卖点

E. 超级赠品和零风险承诺

三、判断题

1. 直播营销方式中的"人"有 2 个元素：粉丝和主播。(　　)

2. 粉丝数在 500 万以上的主播可称为头部主播。(　　)

项目五 直播推广

学习目标

知识目标：

1. 掌握直播传播计划的制订、短视频的制作与推广

2. 了解粉丝运营技巧、直播社群运营技巧

能力目标：

1. 能制作视频

2. 完成直播推广

素养目标：

1. 让学生感知网络推广能够融合中国传统的价值观和现代科技、现代思想，提高社会化口碑营销的效果

2. 在具体运营过程中将主流价值观主题与平民化叙事视角相结合，将价值故事化、故事人物化、人物细节化，讲好中国故事

引导案例

2018 年 3 月，共青团中央以"青微工作室"名义入驻抖音短视频平台，仅半年多时间就获得了 200 多万粉丝，其作品收获了 3 690 多万网友的点赞。2018 年 10 月 1 日账号更名为"共青团中央"，标志着其正式入驻抖音平台，截至 2018 年年底，共青团中央累计发布短视频 194 个，其中出现了一批类似《宝宝不哭，叔叔在》等点赞数高达 619.8 万的百万级爆款视频，得到了良好的传播效果。

思考与讨论： 案例中的视频是使用什么方法取得良好的传播效果的？

任务一　直播传播计划制订

任务描述：本次任务旨在帮助学生制订出详尽的直播传播计划，通过直播平台加强知识分享与实践操作，进而促进学生对直播传播计划的理解和掌握。

任务分析：通过学习明确制订直播传播计划的要素，掌握直播传播计划实施。

任务实施：每3人为1组，完成以下任务。

1. 确定直播主题和内容。

2. 选择直播平台：考查多个直播平台，选择操作便捷、互动性强且稳定的平台直播。

3. 确定直播流程：规划直播的开始、中间互动、结尾总结等环节，确保直播内容丰富多彩。

4. 宣传推广：通过社交媒体、学校官网、课程论坛等多种渠道进行直播预告和宣传。

5. 直播执行：按照预定计划进行直播，及时回应观众提问。

任务评价：通过本任务的实施，学生可以收集反馈、分析直播数据和互动效果，对直播传播计划进行评价，然后针对问题及时调整和改进，为后续的直播提供参考。

知识链接

在互联网时代，传统的广告宣传方式已经越来越难以满足消费者及企业的需求，因此，互联网广告宣传在形式、渠道、手段上都有了大幅改变，但最核心的目标始终是服务受众、营销产品。其中，直播传播营销已经成为互联网广告传播的重要方式。直播在互联网领域的应用越来越广泛，直播也成为推广新产品、品牌宣传、营销等应用领域不可或缺的一部分。当前的市场竞争已越来越激烈，除了产品与服务的品质，营销策略也需要抓住市场的精髓才能实现对目标受众的有效传递。在这个情况下，直播传播计划就成为一种不可或缺的因素。

通过在线直播，消费者可以更加感受到品牌的个性、特点和文化，企业能够与消费者建立实时、双向的沟通连接，还能够提高品牌影响力、转化率。因此，直播传播计划的制订和执行已经成为现代企业营销不可分割的一部分。本任务将详细探讨直播传播计划的制订和执行。

5.1.1　制订直播传播计划的要素

一、明确目标受众

在制订直播传播计划之前，需要明确目标受众，这就要求必须对受众进行全面、深入的分析。不同的产品和服务面向不同的市场，使用不同的直播平台也会有不同的目标受众。要进行一个详细的市场调查和分析，对于目标受众的经济、年龄、性别、职业、地域、教育背景、收入水平、兴趣爱好、职业属性等因素进行全面而详细的了解。这一过程可以通过问卷调查、社交网络等方式实现。只有明确受众之后，才能通过适当的言语、人物、事件等塑造或调整品牌的形象、风格和市场定位。只有明确了目标受众，才能在计划中更加精准地服务于受众，增加转化率，达到宣传效果。

二、选择合适的直播平台

选择合适的直播平台也是制订直播传播计划中非常重要的一步，针对不同的目标受众和宣传内容，需要选择最适合的直播平台。目前市场上有很多直播平台可供选择，如腾讯直播、抖音直播、快手直播等，每个平台都有其自身的优缺点。需要对不同平台的优缺点进行认真分析并选择最适合自己的平台。

（1）腾讯直播：适合大型直播，用户可以观看高画质视频，可进行语音交互，在亮度等方面比其他平台要好很多，对于网络状况的要求也较高。

（2）抖音直播：适合短视频直播，支持不同场景的授权访问，方便品牌授权使用个人或机构账户直播，观众数量多，有着非常大的市场占有率。

（3）快手直播：适合小众领域的品牌宣传，受众偏年轻，主要以 UGC（用户生成内容）制作的直播、短视频内容为主。

最好同时在几个平台上进行直播，以提高宣传覆盖率和吸引目标受众的数量。

选择哪种平台应考虑到自己的产品、受众、行业特点等综合因素。考虑的主要因素包括如下几个。

（一）用户基础

直播平台用户越多，市场规模越大，潜在受众也就越多。比如，斗鱼、熊猫等大型直播平台的用户规模很大，遍布各行各业、各地区。

（二）用户年龄分布和兴趣爱好

用户越年轻，用户对电子游戏、音乐、演唱会等活动的感兴趣程度就越高。高科技产品和年轻消费者感兴趣的产品，可选择花椒等直播平台展示。

（三）区域分布

不同的直播平台在不同地区的知名度和市场占有率也不同，可结合自身行业特点，选择适合本企业的受众覆盖面大的地区。

（四）直播平台特点

不同的直播平台有不同的特点、服务和功能，所以，在选择平台的时候，可以从直播质量、直播内容、交互互动以及风格等方面考虑。

三、规划直播内容

一个全面的直播传播计划，包括主题、时间安排和直播内容。直播内容是吸引观众的关键，对于直播内容的规划需要注意内容的创意和趣味性。为了吸引更多的观众，直播内容要有趣、实用、有娱乐性和教育性，以便吸引更多的观众留在直播间内收看。直播内容需要对受众的购买意愿产生潜移默化的影响，起到推销产品和售后服务的作用。

在规划直播内容的时候，可以考虑以下几点。

（一）软广告

根据产品和服务的特点，创造性地准备一份软广告，加入直播中的陈述，还要有事件性的字母。

(二)游戏和问答

为了提高观众的互动性，可以准备一些有趣的小游戏和问答环节，这有助于增加观众的参与度和留存率。

(三)内容多样

同时，考虑到观众是多样性的，需要规划不同的直播内容。可以选择一个固定的主题，也可以设计一些有趣的游戏。

(四)语言和场景

在直播过程中最好避免单调和乏味的形式和内容，内容需要在语言和场景上更贴合单个观众和感受，尤其是直播前的策略准备和直播后的反馈整理，均会影响直播的效果。

四、利用社交平台宣传

在直播期间需要通过社交平台进行宣传，增加直播的曝光度。社交平台包括但不限于微信、QQ、微博等社交平台，在直播当天，需要提前准备宣传图片和文本、推广语，并将直播的信息发布到各个社交平台上。在推广时，应重点强调直播的主题、时间和活动等具体内容，以吸引受众关注。

五、直播后跟进

通过直播可以积累观众数据，需要对直播期间观众的反馈进行回应，在快速回应的同时，进行数据的清洗，即对数据进行整理、分析反馈，从中提取有价值的信息和经验，形成反馈传播计划和数据分析。

5.1.2　直播传播计划的实施

一、推广时间的安排

推广计划中需要有一个推广时间的选择，在规划推广时间时，要以各种传播手段的综合表现为依据，配合推广次数、推广广告的空白数量调整推广时间，逐步增加推广量。通常情况下，推广在活动的前一周到两周进行，设计并执行推广广告程序和宣传，整个推广过程通常会持续一个月以上。

二、选择特殊节日和大型活动的时机

通过选择特殊节日和大型活动的时机来进行直播，以吸引更多的目标受众。选择这些时机，对于营销宣传，可以起到更好的效果。有些品牌利用大型活动和场景进行推广和转化，比如电商平台、百货商场等利用"618"推出大规模打折活动，实现销售突破。

三、与社区和媒体合作

社区和媒体活动是提高品牌影响力、知名度和认可度的好方法，可以联系社区或媒体站点，建立合作伙伴关系。社区和媒体站点可能会为直播提供宣传帮助，为你的直播传播计划增加曝光率。

四、策划在线抽奖

通过在线抽奖，可以赢取更多的参与者并提高直播留存率。

总之，直播传播计划在互联网营销中占据着极其重要的地位，是一个持续且复杂的计划，它是互联网营销的重要策略之一。一个成功的直播传播计划需要认真策划、执行和跟进。要不断加强对产品服务的了解、目标受众的分析、合适平台的选择以及直播内容的规划，以提高计划的可执行性和成功率。通过实施合适的策划，可提高品牌影响力、知名度和认可度，吸引更多的受众。

任务二　直播短视频制作与推广

任务描述： 直播短视频制作与推广，对于直播电商的发展而言至关重要。通过制作和推广直播短视频，展示实际应用和操作技巧，增强实践能力。

任务分析： 短视频作为一种新兴的信息传播方式，具有直观、简洁、易于传播的特点。通过任务学习，掌握短视频的拍摄流程、制作与剪辑方法及推广方法。

任务实施： 每3人为1组，完成以下任务。

1. 内容策划：设计短视频内容。

2. 视频制作：利用专业的视频制作软件和工具，结合内容和实操演示，制作高质量、富有意义的短视频。

3. 平台选择：选择适合教育内容的短视频平台进行发布，确保目标受众能够轻松访问和观看。

4. 推广策略：通过社交媒体、学校官方网站、课程论坛等渠道进行宣传和推广。鼓励学生分享和转发，以扩大视频的影响力。

任务评价：

1. 视频质量：评估视频的清晰度、内容准确性和教育价值。

2. 观看量：统计视频的观看次数，以衡量其受欢迎程度。

3. 学生反馈：收集并分析学生对视频的反馈，了解他们的学习体验和收获。

4. 影响力：评估视频在社交媒体上的传播范围和影响力。

知识链接

短视频是一种互联网内容传播方式，通常传播时长在5分钟以内。近年来，短视频行业呈现"多维"变化，实现了爆发式发展，获得了大众的广泛关注。我国短视频行业进入成熟期，已经成为移动互联网时代迅速发展的流量高地之一。据统计，截至2024年12月，我国网民规模达11.08亿人，网络视频用户规模达10.70亿人。据第三方研究机构 QuestMobile 数据表明，截止2024年9月，短视频行业月活跃用户规模突破10亿，达10.26亿人次，月人均使用时长59.7小时，抖音和快手表现突出，共占市场近七成用户时长份额，短视频使用时长在移动互联网使用时长占比可观，在众多移动应用里稳居前列。

5.2.1　网络视频制作流程

相较于专业视频制作，短视频的制作要简单很多，但是仍然需要遵守基本的制作流程。

一、视频内容构思

网络视频的关键之处在于内容策划。短视频在 1~2 分钟内要讲述一个完整的商业故事，往往需要几天甚至几周时间构思故事情节、背景和主题。在构思的过程中，应注意脱离传统的广告思维，在内容充实生动的基础上体现出视频的创意。

二、剧本创作和故事板设计

基于构思，制作人员编写剧本，剧本不仅包括对话，还包括场景及任务的表演设计。剧本通过审核后，需进行故事板设计，以图画形式来表现视频所需的视觉与情感效果。

三、角色派定

视频中的角色，无论是主角还是配角都需要深入的筛选，为视频角色配置合适的演员。

四、特色外景或内景拍摄

视频拍摄可能涉及外景，也可能涉及内景，或两者相结合。无论是内景还是外景，视频制作者都需要进行事先考量，对所有的背景与场景进行观察与分析，以预防拍摄中可能出现的一切潜在问题。

五、拍摄

一般，使用数码摄像机就可以开始拍摄，大制作成本的可以用标清摄像机。拍摄过程中，导演、演员、摄影师、灯光技师与音频技师等各司其职，完成本职工作。

六、剪辑

在剪辑环节，编辑观看拍摄的所有场景，决定保留与删除。这项工作完成后，编辑将留下的场景、图形和音乐合成一个完整的商业故事。影片剪辑软件可以很好地完成这一工作，如会声会影，通过它完整强大的编辑功能可以剪辑出符合企业要求的网络营销视频。

七、压缩和格式转换

剪辑完成后，视频将被压缩成一个很小的文件并且转换成合适的格式，通常需要转换成 FLV 格式，此格式文件具有兼容性广、文件容量小、图像质量高、传输方式多和播放器控制功能强等特点，已成为网络视频最受欢迎的格式，网上很主要视频源都在使用该格式，包括 YouTube、GoogleVideo 和 YouKu。

八、上传

完成压缩和格式转换后的最后一步就是将视频上传到视频网站或企业相关站点。

5.2.2 短视频的拍摄与剪辑

随着移动互联网和 5G 网络的发展，使用手机拍摄、剪辑并分享视频已经成为许多年轻用户的选择。前几年，拍摄视频需要手举配有各种镜头的单反相机，再将素材导入剪辑用的电脑，用专业的剪辑软件进行剪辑。对于大多数人来说，技术要求高、成本昂贵，让人望而却步。

随着近些年手机配置的快速提高，使用手机就可以轻松拍出清晰的画面，再加上各大剪辑软件的相继推出，剪辑手法越来越简单，普通大众也可以拍出大片。

一、手机拍摄的要点和技巧

(一)手机拍摄设备简介

手机拍摄所需的硬件设备包含稳定器、三脚架、补光板(美颜灯)和外置麦克风。

(1)稳定器。

手机自重太轻，运动拍摄的时候画面很容易抖动。使用稳定器后，画面会流畅很多。

(2)三脚架。

不管是拍照还是拍视频，三脚架都是必备的。拍照时可以使用三脚架；拍视频时，三脚架用处更大，各种运镜都需要三脚架来辅助。使用带云台的三脚架可以让拍摄更加平稳流畅。

(3)补光板(美颜灯)。

为了使拍摄画面更清晰，特别是把人物细节展示得更生动，拍摄人员可以借助灯光来实现，一般可以使用小型的补光灯、美颜灯等设备，也可用补光板。

(4)外置麦克风。

如果想获取高质量的音效，则最好配一个外置麦克风用来收音。手机用的外置麦克风通常有三类，分别是领夹式麦克风、电容麦克风和枪型麦克风，可以根据需要选用。

(二)手机拍摄前的准备事项

(1)合理使用分辨率。

使用手机拍摄视频时，应尽量选用最高分辨率，分辨率越高，画质越好、越清晰。目前许多手机都支持4K超清拍摄，虽然在手机上看起来并不明显，但是放到大屏幕上，分辨率越高，观看体验就越好。拍摄前，最好检查一下手机，如果容量不是问题，就尽量选择最高分辨率拍摄。

(2)画幅的选择。

使用手机自带的相机拍摄时，横屏比例一般为16∶9，竖屏比例一般为9∶16。如果使用第三方的拍摄App，可能会有更多的画幅选择。选用何种画幅拍摄，主要取决于视频的用途。如果视频是用在宽屏投影仪上，就要用宽屏来拍摄；如果是在竖屏的广告牌上播放，就使用竖屏来拍摄。

如果是拍摄十几秒的短视频，并且主要用在社交媒体上，这时既可以用竖屏来拍摄，也可以用宽屏拍摄，然后裁剪成竖屏。但是像抖音、淘宝微淘等平台，最好用符合大众观赏习惯的竖屏拍摄；如B站、西瓜视频等均可以选择宽屏拍摄。

(3)对焦与曝光。

手机可实时测光和对焦，如果不锁定对焦或曝光(注：大部分拍摄App对焦和曝光是不可分离的)，光线画面就会显得不协调，甚至出现画面闪烁的现象。所以，在拍摄时一定要注意锁定对焦和曝光。

(4)慎用滤镜。

很多人喜欢在拍摄时就加上滤镜，这是个不太好的习惯，因为一旦加上滤镜，后期修改就会很困难。因此，尽量不要使用滤镜拍摄。

(三)手机拍摄技巧

(1)善于利用光线。

光可以丰富画面，并带来独特的美感。在拍摄时，我们可以留意一下周围的自然光线，如树下出现的斑驳树影，或者从纹理和缝隙透出来的光束、清晨或傍晚逆光时拍出的金边光线等，这些光线可以为视频增加美感。

(2)改变拍摄角度。

使用固定的角度或场地进行拍摄往往会让观众感觉乏味，所以在进行短视频拍摄时，我们可以在适当的时候更换背景或者拍摄角度。在背景没办法更换的情况下，可以在背景中添加一些道具或者装饰物，使得整个画面看起来更加生动有趣。关于视频的拍摄角度，我们可以使用全景、近景及特写等不同的景别，使得整个画面场景变得鲜活生动，也可以使用推镜头、拉镜头的方式来避免视频过于单调。

(3)丰富视频素材。

拍摄人员应尝试用各种景别、角度尽可能多地拍一些素材。除了要呈现主体，还应有主体细节、周围环境、布景等，所有与当前场景有关的细节都值得记录，这样，在后期剪辑时才会有比较丰富的素材。

(4)衔接转场。

若两个画面之间的运动关系一致，如前一个画面是向上抬起的运动，后一个画面以向上的运动开始，则两个画面之间就可以很好地衔接，所以拍摄素材时要注意每段素材的运动方向。衔接转场的关键是要保证一个不动的量，例如主体不同的情况下切换背景，背景不同的情况下切换主体，由此实现转场衔接自然。

(5)改变速度。

在固定镜头的拍摄内容不变的情况下，我们可以改变镜头的速度，比如对大雁飞翔的画面降速，对天空中的云朵提速。降速可以着重表现拍摄主题的细节，而提速则可以适当减少对细节的关注，更多地体现整体画面。

(6)前后运动。

我们可以把推镜头和拉镜头简单地看作摄像机的前后运动。推镜头(放大)用来交代细节、突出主体；拉镜头(缩小)用来交代环境和主体之间的关系。快速放大和缩小，会产生强烈的视觉冲击力。

二、手机剪辑软件及应用

(一)手机剪辑软件介绍

对于视频剪辑软件的选择，每个人的需求各不相同，有些人只需简单地添加或删除某些片段，便可拼凑成一个完整的视频；有些人则希望通过精准的卡点和转场，达到酷炫流畅的效果。在手机的应用商店中，有数以千计的剪辑软件，我们可以根据自己的需求选择合适的软件。下面介绍几款主流的手机剪辑软件。

(1)印象 App。

印象 App 的滤镜和字幕设计得非常出色，除支持多种不同风格的滤镜之外，还支持不同的画幅选择，对于想把同一个视频发到不同平台的用户来说，这是很友好的功能。虽然印象 App 是一个剪辑软件，但其具有视频拍摄功能。在拍摄过程中，印象 App 可以提供构图参考，这是绝大部分软件所没有的功能之一。有时候，普通人与摄影师之间可能就差一个构图的能力，用印象 App 拍摄出来的画面效果别具一格，该软件非常适合普通用户使用。

（2）VUE。

VUE 是一个拥有多款实时滤镜、动态美颜、多镜头拍摄和编辑功能的 App。它界面整洁、操作简单，能够满足大多数人对视频剪辑的需求。VUE 的画幅类型较多，有正方形、宽幅、超宽画幅及圆形画幅，这是其他 App 所没有的功能。相比那些过分强调大片感的 App，VUE 保留了实用的美颜功能，并且内置 12 种滤镜和 30 种标签贴纸。除添加配乐、文字等基本功能之外，VUE 最大的特色就是支持分段拍摄，可以自定义视频长度和分段数目，这可以增强普通用户的分镜意识。除此之外，VUE 还可以在片尾添加花絮或者字幕，使得视频更有仪式感。

（3）快剪辑。

快剪辑最大的优势在于免费使用，其次是它具有丰富的功能。关键帧、混合模式、视频抠图等在其他 App 需要付费的功能，快剪辑都免费提供，而且导出没有水印。快剪辑拥有一般计算机剪辑软件才有的画中画功能，可以在一个素材上添加另一个素材，相当于增加了一条时间轨，这个功能非常有用。快剪辑除了具有基本的滤镜，还可以选择一些光效，如为视频添加烟雾、雨水、烟花等效果。

（4）iMovie。

iMovie 是苹果手机独有的一款剪辑软件，不仅具备变速、倒放、拆分等基本功能，还可以实现音频提取、画中画、上下左右分屏等功能。iMovie 内置 100 多种音效，提供多个主题和转场特效，最大的优势在于流畅稳定，可导入音频，可插入音乐，易上手。iMovie 的模板功能非常强大，大纲和故事板详细到每个镜头的景别、人物的动作都规划好了，按顺序直接插入镜头就能生成一段影片。相较于一般剪辑软件，iMovie 更专业，操作简单明了，缺点是自带的素材太朴素，视频无法精致化。

（5）剪映。

剪映是抖音开发的视频剪辑 App，有大量的音乐素材可以任意挑选，这是其最显著的特色。剪映可以提供自动踩点功能，即根据节拍、旋律自动对视频进行打点，用户根据这些标记来剪辑视频非常方便。剪映中的时间线支持双指放大及缩小操作，而且音视频轨道支持叠加音乐，用户可以提取其他视频中的背景音乐，为自己的视频添加合适的音效，或者录制旁白解说。剪映不仅支持手动添加字幕，还支持语音自动转字幕，可以设置动画和文字样式，相对于同类软件，提供更多的选择。剪映的缺点是不能直接在软件里启动相机进行拍摄，必须使用现有的照片或短视频进行编辑。

（二）剪辑软件的常见功能介绍

下面以剪映 App 为例，讲解剪辑软件的常用功能。

（1）关闭音源。

拍摄视频时，背景声比较嘈杂会影响视频的整体效果，这时就可以关闭视频自带的音源，然后加上个人喜欢的音乐。

（2）分割。

分割是剪辑软件中尤为重要的一个功能。简而言之，分割就是把一个视频分割成两段。例如，素材中间有一段空白内容没有实际意义，这时就可以用分割功能把这段内容选择出来进行分割，还可以设置转场，使视频更加生动有趣。

（3）变速。

变速，即视频速度加快或者减慢，"IX"代表视频正常的速度，往右变速可加快声音和画面的速度，往左则减慢速度。

（4）动画。

动画就是我们常说的转场。用户可以给视频素材插入一个类似转场的动画，如降落旋转、缩小旋转等，可以让视频更加生动。这种转场动画的时长可以自己设置。

（5）画中画。

简单来说，画中画就是同一个视频中有多个不同的视频同时播放。例如，一些新闻节目，左下角或右下角都会有一个小窗口在播放与新闻内容对应的手语，这就是画中画。画中画在视频剪辑中很常见，例如，和明星同框互动是使用画中画功能制作的。

（6）倒放。

倒放就是让视频首尾顺序颠倒过来播放，可以用来制作一些有新奇效果的视频。

（7）镜像。

从字面上理解，镜像就好比照镜子时我们的实际方向和镜子里的方向是相反的，所以需要把画面左右翻转180°才和实际的方向相同。这个功能常用在自拍视频中，使视频看上去和实际的方向一样。

（8）定格。

电影或电视剧中的画面突然停止，定格在某一帧画面上，就叫作定格。这个功能通常用来突出重点时刻或者解释某个特定画面。

5.2.3 直播短视频推广

视频推广是以视频为载体，通过在视频中添加合适的推广信息，达到一定宣传目的的营销手段。

一、推广方式

（一）媒体模式

媒体模式在很早之前就已经兴起，例如早期的教授系列视频、敖厂长系列视频，当时不称为自媒体，而称为播客，是视频自媒体的雏形。随着逻辑思维的兴起，很多网络视频自媒体就出现了。

这种视频自媒体的模式有一个显著特点：内容为王，即必须有自己独特的内容，且必须网友认可。正是由于内容为王的特点，这种模式也存在着显著的优势和劣势。

优势：内容新颖独特，可以吸引相对精准的人群，自然而然完成粉丝筛选，为日后的流量转化埋下很好的伏笔。

劣势：要创造好的内容，就需要好的题材，这样会占用很多人力、物力，前期付出很大。因此，自媒体推广模式适合团队操作。

（二）热门事件模式

热门事件模式是一种常见的模式，即利用热门的新闻、电影、电视剧来制作视频，在很短的时间内收获巨大的流量，这是一种快速获得巨大流量的视频推广模式。例如，利用热门电影作为长尾关键词，收到的效果是相当好的。

这种模式具有很强的时效性，只是在特定的时间具有巨大的效果，流量来得快，走得也快。热门事件模式具有以下优势和劣势。

优势：简单快捷，门槛低。在百度风云榜找到热门关键词，用几张图片很快就能制作出一个相关视频，在极短的时间内就能完成推广。

劣势：流量不长久，有效期可能只有几天；流量不精准，后期转化存在问题。因此，热门事件模式适合个人批量操作。

(三) 视频外链模式

视频外链模式是在各大门户网站的视频栏或者在优酷、爱奇艺、搜狐等视频网站上传视频并添加外链。

这种模式可能并不会对网站产生立竿见影的效果，但是由于所操作的视频网站权重较高，在很短的时间内关键词就可以获得排名。这种模式的特点就是简单粗暴。视频外链模式存在着以下优势和劣势。

优势：操作简单。因为推广内容在标题上，所以只需要上传视频，不管视频内容是什么。

劣势：这种视频通过率低，而且被删除概率大，因此需要大量持续的操作，适用于个人利用软件批量操作。

这种模式不但可以进行网站推广，也可以用来推广QQ、微信等。

二、短视频推广技巧

(一) 账号设置技巧

设置账号，有以下几个技巧。

(1)名称简单易记，容易输入，避免使用特殊字符。

(2)头像清晰，若是人物则要用近景，背景图应不杂乱。

(3)简介要强化人物特征，能起到转粉、引流的作用，或者可以预告重要信息。

(4)标签尽量完善，要便于识别。

(二) 视频发布时间与发布频率

一条视频到底什么时间发布最合适，一个账号多久发布一条视频效果最佳，很多人都有这样的疑惑，下面我们来具体分析。

(1)视频发布时间。经研究，抖音有两个访问高峰时段，一个是11:00—13:00；另一个是19:00—22:00。因此，我们可以选择在这两个时间段发布视频，以获得更多的曝光机会。

(2)视频发布频率。根据实践经验，视频的发布频率最好是每天更新1~2条，每周至少更新2~3条。如果在特殊情况下出现断更也不要超过一周，否则，平台会对账号进行重新识别，极大地影响账号权重。另外，一旦发布时间固定下来，就不要轻易调整，因为用户对视频发布时间的节点有了一定的预期，不能让用户失望。

(三) 评论环节把控

视频发布者可以在评论区与粉丝互动，也可以在关联账号下发布一些经典评论，借此

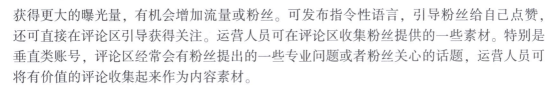

获得更大的曝光量，有机会增加流量或粉丝。可发布指令性语言，引导粉丝给自己点赞，还可直接在评论区引导获得关注。运营人员可在评论区收集粉丝提供的一些素材。特别是垂直类账号，评论区经常会有粉丝提出的一些专业问题或者粉丝关心的话题，运营人员可将有价值的评论收集起来作为内容素材。

（四）矩阵点赞与矩阵评论

对于多账号同时运营的机构来说，矩阵运营尤为重要，账号与账号之间相互点赞和评论其实也是算法里社交维度的一部分。当我们刷抖音的时候，会发现官方推送"你的好友""好友转发"等互动维度的内容，所以我们也可以借助这些力量增加账号的曝光率。

（五）同框与合拍

达人和达人之间、达人与明星之间均可以同框或合拍，可实现相互导流的效果，其本质都是共享流量、增加曝光。

（六）直播助推

直播可以给视频内容增加曝光量，内容曝光也会为直播引流，所以如果账号出现爆款视频，直播的人气往往也会非常高。

综上所述，数据驱动下的短视频运营正是通过具体的数据来反映内容的好坏。我们必须知道，数据不仅仅驱动运营，还可以反哺内容创作团队，单条视频上架完成后，必须集体进行数据复盘来指导内容的创作。导演的每个作品都可以数据化呈现，编剧的每个小故事都可能得到点赞，摄像的每个镜头都可能引发评论，后期的每一个创意都可能获得分享，演员的每次出场都可能引爆视频，运营的每一次互动都可能提升服务。

任务三　直播粉丝运营技巧

任务描述：本次任务的目标是掌握并实践直播粉丝运营技巧，通过有效的运营策略，增加直播间的粉丝数量，提升粉丝活跃度和忠诚度。

任务分析：新媒体时代背景下，直播已成为重要的营销手段。然而，直播的成功与否，很大程度上取决于粉丝的运营情况。因此，我们需要深入分析粉丝需求，制订针对性的运营策略，如提供有价值的内容、增强互动性、建立粉丝社群等，以吸引并留住粉丝。

任务实施：3人一组完成以下任务。

1. 内容策划：根据目标受众的兴趣和需求，策划有趣、有教育意义的直播内容。确保内容既能吸引新粉丝，又能满足老粉丝的期待。

2. 互动环节设计：设置问答、抽奖等互动环节，增加粉丝的参与感和归属感。同时，还要通过弹幕、评论等方式与粉丝实时互动，提升直播间的活跃度。

3. 粉丝社群建设：建立粉丝群或社区，为粉丝提供一个交流、分享的平台。定期在社群内发布直播预告、福利活动等，增强粉丝黏性。

4. 数据分析与优化：定期分析直播数据，了解粉丝的观看习惯、兴趣偏好等，以便调整直播内容和策略。

任务评价：

1. 粉丝增长量：统计直播间的粉丝增长数量，以衡量运营效果。

2. 粉丝活跃度：通过观察直播间的互动情况、评论数量等，评估粉丝的活跃度。

3. 转化率：分析通过直播带来的销售转化率，以验证粉丝运营的实际效果。

4. 反馈收集：定期收集粉丝的反馈意见，了解他们对直播内容和运营策略的满意度。

通过以上评价，我们可以及时调整运营策略，持续提升直播间的运营效果。

知识链接

粉丝经济不再是时髦的营销名词，粉丝思维已经渗透到新媒体行业的每一个角落。没有粉丝的新媒体毫无生命力可言。新媒体运营者不仅要凝聚大量粉丝，还要跟他们打成一片，共同创造具有鲜明群体文化特色的社群。

直播营销的最终目的是变现，这也是许多品牌发展直播的原因。然而直播变现要具有一定基数的流量池，所以如何从公域流量池转化粉丝是每个主播必须具备的能力。

粉丝互动作为直播电商中的重要环节，是留住粉丝、调动粉丝的积极性、保持直播间粉丝持久黏性的关键。面对面的直播场景有利于主播与粉丝间的互动，主播与粉丝的高频互动，不仅能够及时地解决粉丝对商品的疑虑和问题，还能引导粉丝购买产品，实现最终的销售转换。

5.3.1 留存引导，让看客变成粉丝

从用户进入立播间开始，每个主播都有"黄金7秒"的时间让用户留在直播间。主播的通常做法有设计欢迎话术、关注话术及一句话IP介绍。

这些话术有一个原则：让用户知道他们进入了你的直播间，你在关注他们，让用户有参与感，并且让用户知道你是谁，你是做什么的，你能为他们带来哪些价值。

例如：欢迎（粉丝ID）进入我的直播间，我是（主播名），能让你（价值点）的主播，关注我，每天都会有福利分享给大家（或其他利益点）。

5.3.2 及时互动，让用户参与内容生产

及时互动是面对面直播的一大优势，良好的互动不仅能增加直播间的权重，并且主播能够通过互动向粉丝传递信息、建立情感联系。常见的互动方式有以下几种。

一、欢迎互动

欢迎粉丝进入直播间，与眼熟的粉丝打招呼，唠家常拉近距离；点名欢迎新粉丝，引导他们关注。

二、点赞及关注互动

点赞到一定数据时开始抽奖或者送福利。提醒用户关注主播，了解下次直播能给其带来什么福利。

三、引导用户加入粉丝团

给用户加入粉丝团足够的利益吸引点，如垂直类主播，在直播间答疑时优先回答粉丝团的问题。每次开播，粉丝团的用户能受到更多的关注。

四、问答互动

问答互动是提升粉丝亲密度最好的方法，根据主播IP设定从幽默或者专业的角度回

答粉丝问题，建立彼此的情感联系。

5.3.3　态度热情，营造良好直播氛围

主播应主动和粉丝打招呼、读评论、回答粉丝问题，这些都是快速调动直播氛围的方法。同时，主播需要有随机应变的能力，遇到黑粉、冷场、直播事故，主播的第一反应尤为重要，好的直播氛围，通常包含以下要素。

一、主动表达

经常听到一些新主播说，不知道应该在直播间里聊什么，大家都不说话，只能和手机屏幕里的自己大眼瞪小眼，眼睁睁看着在线粉丝一个个跑掉。这时，主播需要克服尴尬心理，主动与"粉丝"交流，宁愿尬聊也不要冷场。

二、寻找话题

在不知道聊什么的时候，主播可以寻找一些轻松的话题，如喜欢的歌曲、星座、微博热搜话题、家乡美食、旅游经历和日常见闻。

坦白的话题更容易赢得信任，但不能就主播一个人说，碰到有粉丝搭话就立刻抛出话题，引导粉丝与主播进行交谈。

主播要学会观察、记录粉丝的常聊话题。什么话题的讨论度高，应私下积累相关素材，减少尬聊场景出现。

三、表情管理，保持微笑

粉丝是通过摄像头与主播交流的，没有粉丝愿意和一个让他们有压迫感的主播聊天，所以聊天时面带微笑，不仅能给粉丝很好的观感，也能消除自己的紧张情绪。需要注意的是，眼睛盯着屏幕，不能盯着摄像头或飘忽不定地游走在摄像头和屏幕间，这样容易给粉丝造成压迫感。

5.3.4　打造人设，拉近与粉丝的距离

鲜明的人设是制胜直播带货的先发条件，也是增加粉丝黏性的必要条件。应通过语言风格、性格塑造、人的气质等打造主播专属人设。比如，"口红一哥"李佳琦对美妆产品的专业性让用户对其极其信任。成功的主播一般都拥有极其鲜明的个人特色，所以人设至关重要。

主播可通过以下几种方法打造人设。

一、我是谁

（一）角色

如社会角色（北漂、二胎宝妈、刚毕业的大学生……）、行业角色（8 年经验瑜伽导师）等。

（二）外表标识

如形象特征（嘻哈潮人、温柔知性）、穿搭风格（简约、嘻哈、职场、性感）、妆容风格（红唇、美瞳）等。

（三）性格特点

如可爱、直爽、理性等。

(四)特有标志

如某个词、某句话、某个动作等。

二、我能做什么

(一)我提供什么

精选商品推荐、售后支持与服务、优惠与促销活动、实时互动体验。

(二)我能解决什么问题

购物选择困难、购物体验单调、售后问题处理。

三、我有什么不一样

(一)相比其他博主，我有什么不同(差异点)

分享使用心得、引入趣味互动环节、让观众投票选品。

(二)从专业和经验两个角度阐述我的特长或者优势

专业角度：敏锐的洞察力、精准推荐、丰富的产品知识、产品解读能力。
经验角度：直播流程把控、观众互动引导、突发情况处理、迅速拉近与观众的距离。

四、我的"粉丝"群体

(一)了解基础信息

性别、年龄段。

(二)他们关心什么

人群特征及共性。

(三)我能为他们带来什么

购物指南与潮流引领、实用技巧与知识、产品推荐与导购、个性化推荐与定制服务、优惠信息与专属福利。

5.3.5 亲身体验，增强粉丝信任

直播最大的优势是真实，现场直播期间，主播的一举一动，都会及时呈现。对于屏幕前的粉丝来说，不管是美食产品、家居产品，还是美妆产品，主播们在直播过程中几乎全程都亲自试吃、试用，甚至有的品牌还将加工机器搬到直播间，就是为了方便主播展示，营造更真实的现场互动场景。主播通常可用以下两种技巧，让粉丝拥有好的体验感。

一、画面特写

画面特写常用于介绍产品，通过高清的产品特写，粉丝可直接看到产品的纹路，感受产品的质量。比如：翡翠的"通透"、芝士的"拉丝"、裙子布料的质感等。

二、感官刺激

感官刺激也是直播带货的常用技巧之一，如自发性知觉经络反应(ASMR)，即人体通过视、听、触、嗅等感知上的刺激，在颅内、头皮、背部或身体其他部位产生的令人愉悦的独特刺激感，常用于食品带货，如打开汽水的第一声，咀嚼锅巴的咔嚓声，喝汤时的吞咽声等，这些都能激起人体机能的条件反射，使用户口中分泌大量唾液，从而实现销售。

5.3.6 花式福利，促进销售转化

直播过程中，纯聊天或只介绍产品的功能其实很无聊，适当设置福利对粉丝更具吸引力，更能活跃氛围。主播要利用好各个平台的红包及抽奖工具，设置开场满送、抽红包、送优惠券、互动游戏送礼品、截屏互动、整点抽奖、限量秒杀、神秘礼盒等福利环节，这些能够极大地激起粉丝的互动热情，提升产品的销售和流量转化，例如"点赞达到5万个就发红包""直播观看人数超过5 000人抽奖"等。运用话术设定，让粉丝去分享直播间，邀请新用户进直播间，各种福利的空隙就是主播宣传产品的最好时机。

任务四　直播社群运营技巧

任务描述：直播社群运营的主要任务是构建一个活跃、互动性强的直播社群，通过高质量的内容和活动吸引、留住用户，提升品牌影响力并实现用户增长和转化。具体任务包括策划和推出有吸引力的直播内容、管理和维护社群环境，以及通过数据分析和用户反馈不断优化运营策略。

任务分析：在进行直播社群运营之前，我们首先要对任务进行深入分析，确保活动的针对性和有效性，主要包括以下内容。

受众分析：明确目标受众，了解他们的兴趣、需求和行为习惯，以制定合适的内容策略。

市场分析：研究当前直播市场的趋势和竞争对手的情况，找出差异化和创新点。

资源评估：评估现有资源，包括主播、内容创作团队、技术支持等，以确保运营的顺利进行。

目标设定：根据分析结果设定明确的运营目标，如增加用户活跃度、提升品牌影响力等。

任务实施：每3人为1组，完成以下任务。

1. 内容策划与制作：根据受众分析，策划和制作高质量、互动性强的直播内容。

2. 社群管理与维护：设立明确的社群规则，及时处理违规行为和负面言论，营造一个积极、健康的社群环境。

3. 推广与引流：利用多种渠道进行社群的推广，吸引更多的目标受众加入直播社群。

4. 数据分析与优化：实时监控直播和社群数据，根据数据反馈调整和优化直播内容和活动策略。

任务评价：

1. 数据评估：通过对比分析直播观看人数、互动率、留存率等关键数据指标，评估直播社群运营的实际效果。

2. 用户反馈：收集用户对直播内容和社群活动的反馈，了解用户的满意度和需求，以便进一步改进。

3. 目标达成度：评估设定的运营目标是否达成，如用户活跃度的提升、品牌影响力

的扩大等。

4. 总结与反思：对整个运营过程进行总结，分析成功与不足之处，为后续运营提供参考和借鉴。

5.4.1　社群的含义

社群一般是指在某些边界线、地区或领域内发生作用的一切社会关系。互联网环境下的社群，本质上是一群志同道合者或兴趣志向、价值观趋同的人群聚集并通过参与互动找到归属感。

社群是互联网去中心化的产物，是与客户建立强关系，充分建立客户参与感的社会化工具。社群的核心关键词是参与、互动、统一的兴趣点、归属感、亲密、开放、信任。

实践中，经常有人把社群、社交和社区混淆。表5-1具体列出了社群、社交和社区在不同维度上的差异。

表5-1　社群、社交和社区在不同维度上的差异

维度	社群	社交	社区
本质	价值观	关系	内容
输出	定向群体	一对一	无特定群体
构建类型	建立制	自由构建	选择性构建
情感	归属感	存在感	参与感
互动	交叉连接	即时交流	关注认可
产品/服务	主题发散但聚焦	自发性	固定主题
管理	制度化管理	自由化	集中化
运营	自治	个人	管理员负责
维护	价值	人品	兴趣爱好
关系	中关系	强关系	弱关系
模型	面	线	点
传播速度	快	慢	快

总之，社区与社群本质上都是互联网时代产生的一种组织形式，最大的区别就在于参与成员的精细化程度不同。社区成员涵盖的人群比较宽泛，主要是由各个成员聚集在一起形成相互关联的大集体，紧密度比较低；社群成员涵盖的人群范围较小，紧密度更高，各个成员会有一个相对统一的目标；社交则是人与人之间互动交流的方式的统称。

5.4.2　社群的作用与价值

社群是一群有着共同兴趣、爱好、目标的用户在一起互动、交流、协作的群体。社群有其独特的价值观，而这种独特价值观其实就是社群的定位。应先明确社群的价值需求，

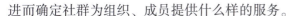

进而确定社群为组织、成员提供什么样的服务。

社群是服务的通路，及时有效地发布官方的产品和服务信息；社群是营销方式，能有效提升用户黏性、提升复购率、强化沟通、调动群成员活跃度；社群也是最快的推广方式，将企业的促销、产品、服务快速传递给最精准的客户群体。

5.4.3 社群的组织特点与分类

一、社群的特点

(一)去中心化

社群可以实现企业与客户的互联、客户间的互动，无论是沟通渠道还是销售渠道，都更加扁平，也就意味着传递信息更加快速、统一。

(二)建立强关系

借助社群可以实现更加开放的互动，不仅可以提高互动频次，还易于建立信任，进而提高客户黏性。

(三)建立客户互助服务模式

社群的分享互动，更易于客户对产品及服务建立认知，客户客观的感受与评价是最好的口碑营销。特别是对于"80后""90后"，广告宣传远不如朋友的推荐更有吸引力。

(四)低成本传播推广

社群的传播成本较低，可以有效引流拉新并带动销售。

二、社群的类型

(一)按组织划分

按组织划分，社群可以分为客户自发组织的社群和企业建立的社群。

(1)客户自发组织的社群，是由客户发起的社群，具有建立迅速、互动性强等特点，但内容和导向容易偏离建群初衷，需重点关注。

(2)企业建立的社群，由企业拉粉丝加入并进行互动。

(二)按群功能划分

按群功能划分，社群可以分为服务型社群、学习交流型社群、营销导向型社群和资讯分享群。不同的社群在内容的组织及社群的管理上均存在较大的差异。

(1)服务型社群：以服务粉丝为主要目的。

(2)学习交流型社群：以粉丝之间交流分享、围绕共同兴趣互动为目的。

(3)营销导向型社群：以成交转化和商品推广为目的，用于推广品牌、销售产品或发布二手闲置转让信息等。

(4)资讯分享群：不以成交为目的，通常用于分享社区信息，发布二手置换、失物招领等信息。

5.4.4 建设社群

建设社群，就如带领团队。社群的运营管理是一项系统工程，比较考验群主的综合管理能力。

一、社群角色

社群是互联网虚拟组织，需要不同的角色来配合社群的运作，这些角色可以是客服中心的员工、运营人员，也可以是忠实的粉丝、合作伙伴或兼职员工。在运营机制有待成熟的阶段，应由组织人员不断尝试，迅速沉淀磨合，形成成熟的管理机制。然后借助兼职、合作伙伴等形式进行复制，实现遍地开花、百花齐放的场景。

构建并运营社群，通常需要以下几个角色。

(一)群主

群主是一个社群的核心人物、团队的领导者，关乎社群的定位、方向、活跃度、健康度和生命周期。群主充当了管理者的角色，需要综合能力强，熟悉项目、产品、业务并了解企业或项目愿景，负责把握整体节奏、调动社群氛围，以及维护社群日常工作、发布产品信息、培养社群管理员和忠实粉丝等。

(二)群管理员

群管理员是社群的运营者、观察者和操作者，辅助群主进行社群管理、群成员身份验证及信息通知等。这个角色可以是群主自己，也可以是其他群内成员。注意，群管理员必须认可社群定位和群主理念，了解社群运营规则，负责管理日常的事务。

(三)社群策划

社群策划负责社群内互动、知识分享，以及电商类平台的促销活动等。活动的规则、参与人群、范围、活动时间、展现形式、宣传海报等都需要周密的计划和专业的策划与设计，因此，社群策划这个角色是不可或缺的。无论是私人运营的社群，还是企业专人运营的社群，都需要社群策划高质量的执行且不断优化。

(四)社群客服

当社群规模较大时，就会涉及具体的学习推进和产品销售以及面对大量的活动咨询、产品咨询、售后服务、关联知识咨询等。我们可以借助知识库、社群机器人、企业 App 相关功能引导等解决部分问题，但很多问题仍需要进行一对一的沟通，尤其对于复杂问题、新发生的问题、动态出现的问题。因此，需要设置专业度较高、沟通技巧较高、对会员了解程度较高的社群客服。这是一个富有挑战性的岗位，既要负责业务处理、社群舆情监控与引导，还要担负成员管理与赋能同步推进的工作。社群客服决定着社群的活跃度、群成员的裂变信心和复购拉动，是社群中非常重要的角色。

(五)分享者

分享者是能制造话题的人，有号召力，能够在社群中引导话题，带动氛围，具备一定的专业知识。这群人可能是企业的内部员工，也可能是专业领域的意见领袖。

(六)粉丝

粉丝是加入社群的人，也是潜在客户。活跃的粉丝对内容或产品有需求、认可群主或社群的理念。粉丝并非越多越好，不同性质的社群，对粉丝数量的要求也不同。

对于小规模社群，成员角色可以复用，能够覆盖工作职能即可。表 5-2 展示了群主、群管理员、社群策划、社群客服、分享者、粉丝的角色定位及作用。

表 5-2　不同职能成员的角色定位及作用

成员	角色定位	作用
群主	建群者、核心人物、精神领袖、团队管理者	负责把握整体节奏、调动社群氛围、培养社群管理员、维护管理
群管理员	运营者、观察者和操作者	辅助群主监控违规发言及确定群成员身份
社群策划	社群活动策划及活动内容组织者，社群营销物料的准备者	负责社群活动发布及优惠券申请等工作，负责知识分享内容的制作和发布
社群客服	社群业务处理、舆情监控者	负责处理活动咨询、产品咨询、关联知识咨询
分享者	意见领袖、忠实粉丝、响应者、号召者	积极开展互动，号召粉丝间互动，起到热场的作用，吸引新粉丝入群
粉丝	潜在客户	传播引流，带动会员转化和销售转化，逐步转化为铁粉并吸引新粉丝，形成口碑传播

二、建立社群的关键环节

凡事预则立，不预则废。若要建立社群，也需要事先做好规划，即在建立社群前需要把握好以下八个关键环节。

(一) 定同好

定同好，即明确社群的定位。我们究竟要创建什么样的社群，为社群成员提供怎样的服务和价值，基于哪方面的考虑想要建立社群，包括行业背景、公司所处的阶段和现状等，通过社群的建立达成具体哪方面的目的，这些都是建群前必须明确的。

建立社群的目的包括销售产品、提供服务、拓展人脉、建立用户生态、聚集用户、打造品牌、扩大影响力。企业或个人建立社群的目的可能是一个，也可能是多个，如"销售产品+提供服务+打造品牌"。社群可以被简单地看作一个群，但是社群需要有自己的表现形式。

社群要有社交关系链，不仅要建一个群，还要基于一个点、需求或者爱好将大家聚合在一起，使社群有稳定的群体结构和较一致的群体意识，成员有一致的行为规范、持续的互动关系。

(二) 筛种子

无论是社交裂变的营销社群，还是知识分享的社群，都需要筛选种子客户，将这些客户培养成社群的 KOL (关键意见领袖)。KOL 通常拥有更多、更准确的产品信息，且为相关群体所接受或信任，并对该群体的购买行为有较大影响力。这些人在社群中可以带动氛围、贡献内容、支持群主、协助管理，也可以称为分销的人群。第一批社群用户必须是企业的种子用户，这些人在社群运营工作中会起到至关重要的作用，决定社群运营的成败。后期，社群可通过这些种子用户进行裂变，找到更多有价值的客户。因此，种子用户的选择至关重要。

(三) 联感情

社群最重要的作用是实现成员之间的社交，要用情感维系客情关系。所以，比业务和产品推广、知识分享更加重要的是社群内成员的社交，大家彼此要了解、认同，形成社交圈子。

(四)励发帖

创建社群以后，就要让社群机制运转起来。社群用户最关注的是所在社群能为自己带来的价值。因此，价值输出是留住用户的最重要手段，不论是为他们提供专业的知识补充，还是定期进行群内有奖互动、给予荣誉激励等，都要持续且有价值。当然，所有价值输出的前导性思想一定是基于社群目的所衍生的，最终必然要为实现最终的社群目的作贡献。

持续的价值输出是保持社群活跃的关键，包括内容、产品、优惠活动等。而内容不仅出自平台、群主、群管理人员，还需要由粉丝群体、种子客户、KOL发出，产生用户原创内容并展示或提供给其他用户。

(五)做活动

通过线上线下的社群活动，可以不断壮大社群，提升社群黏性。健康、有序的社群运营，一定是在实际执行过程中通过对社群状态及产出结果的持续关注，不断地进行优化和完善。例如，社群建立初期，需要强化社群成员对品牌的忠诚度和对品牌文化的认知，在社群活动设计过程中要结合频次、内容进行添加。

(六)推内容

内容是社群的灵魂，也是将社群成员聚集在一起的关键因素。只有哪些有价值的、符合社群成员需求和价值观的且持续输出的内容，方可让社群维持活力。

(七)树规则

没有规矩，不成方圆。所有的社群都需要建立规则并严格执行。群规可以根据环境、任务、要求的变化进行调整。一般来说，群规的第一层是保护大家的隐私；第二层是明确理念和运营模式；更深层次的通常是价值观。

以下是知识分享型社群的群规，供大家参考。

(1)群友必须是育儿课程的关注者。

(2)不带陌生人进群(不私自拉人)。

(3)爱护群环境，不发广告图、链接，更不能刷屏。

(4)修改群昵称，格式为"实名或昵称+城市+公司名称"。

(5)严禁转发未经证实的信息，不得讨论与本群主题无关的事宜。

(6)本群以主题分享为主，实现资源对接、合作共赢。

(7)违规一次给予警告。骚扰群成员者一旦被成员举报将被直接踢出群。

(8)每周有主题分享，在群里探讨交流，欢迎推荐分享嘉宾。

(9)群内将定期进行线下聚会，欢迎群成员踊跃参加。

(八)养习惯

每日、每周、每月定期发送社群内容、社群活动信息，以及要求群成员完成固定的任务和目标。当群成员形成习惯以后，将对社群产生更多的依赖感。

三、建设社群的关键要素

建设社群的5个关键要素分别是同好(interest)、结构(structure)、输出(output)、运营（operate）和复制（copy），即 ISOOC。

（一）同好

社群构成的第一要素是同好，它是社群成立的前提。所谓"同好"，是指对某种事物的共同认可或行为，即我们为了什么聚到一起。

可以基于某种产品，如苹果手机、小米手机；可以基于某一种行为，如爱旅游的驴友群、爱阅读的读书交流会；可以基于某一种标签，如星座、某演员的粉丝等；可以基于某种空间，如某小区的业主群；可以基于某种情感，如老乡会、校友群、班级群；还可以基于某一类观点，如倡导"一个人走得快，一群人走得远"的理念。

（二）结构

社群构成的第二要素是结构，它决定了社群能否存活。很多社群走向沉寂，就是因为最初没有对社群的结构进行有效的规划，这个结构包括组成成员、交流平台、加入原则和管理规范。

（1）组成成员。发现、号召那些有"同好"的人聚集在一起，形成金字塔结构或者环形结构，最初的一批成员会对以后的社群产生巨大的影响。

（2）交流平台。要有一个聚集地作为日常交流的大本营，目前常见的有 QQ、微信等。

（3）加入原则。社群有了元老成员，也建好了平台，慢慢就会有更多的人慕名而来，那么就要设置一定的筛选机制，以作为门槛。这样做，一来保证社群质量，二来让加入者因加入不易而格外珍惜社群。

（4）管理规范。随着社群成员越来越多，应逐渐加强社群管理。因此，社群应该设立管理员，并不断地完善群规。

（三）输出

社群构成的第三要素是输出，它决定了社群的价值。持续输出有价值的内容是考验社群生命力的重要指标之一。

所有的社群在成立之初都有一定的活跃度，若不能持续提供价值，社群的活跃度会慢慢下降，最后沦为广告群。没有足够价值的社群迟早会被解散，也有一些人会屏蔽群，再去加入一个新的群或选择创建一个新群。为了防止出现这些情况，优秀的社群一定要能给群员提供稳定的价值，如坚持定期分享有价值的信息等。

在输出的同时，还要衡量输出成果，优秀的社群里所有成员都会输出不同层次、不同领域的高质量内容，能够释放出更强大的能量。

（四）运营

社群构成的第四要素是运营，它决定了社群的寿命。没有运营管理的社群很难有较长的生命周期。一般来说，通过运营要建立以下"四感"。

（1）仪式感。例如，需要经过群主同意才能入群，且入群要遵守群规，不当行为要接受奖惩等，以此保证社群规范。

（2）参与感。例如，通过有组织的讨论、分享等来保证社群成员在群内有话说、有事做，并且能有所收获，从而保证社群质量较高。

（3）组织感。例如，通过对某主题事务的分工、协作、执行等来保证社群的战斗力。

（4）归属感。例如，通过线上线下的互助、活动等，保证社群的凝聚力。

如果一个社群通过运营这"四感"有了规范、质量、战斗力和凝聚力，就能够持续运营。

(五)复制

社群构成的第五要素是复制，它决定了社群的规模。

由于社群的核心是情感归宿和价值认同，那么社群越大，情感分裂的可能性就越大，所以需要考虑是不是真的有必要通过复制而扩大社群规模。

任务测验

一、填空题

1. 制订一个全面的直播传播计划，包括_____、_____、_____。

2. _____是制胜直播带货的先发条件，也是增加粉丝黏性的必要条件。

3. _____常用于介绍产品，通过高清的产品特写，粉丝可直接看到产品的纹路，感受产品的质量。

4. _____是一群有着共同兴趣、爱好、目标的用户在一起互动、交流、协作的群体。

5. _____是社群的运营者、观察者和操作者，辅助群主进行社群管理、群成员身份验证及信息通知等。

二、选择题

1. 制订直播传播计划的要素包括( )。

A. 明确目标受众　　　　　　　　B. 选择合适的直播平台

C. 规划直播内容　　　　　　　　D. 利用社交平台宣传

2. 确定直播内容的时候，考虑以下几点( )。

A. 产品和服务的特点　　　　　　B. 增加观众的参与度和留存率

C. 观众的多样性　　　　　　　　D. 避免单调和乏味的形式和内容

3. 引导粉丝关注的话术原则包括( )。

A. 让用户感受到主播在关注他们　　B. 让用户有参与感

C. 让用户了解直播间品牌定位　　　D. 让用户了解关注主播的价值

4. 在直播中与粉丝互动的方式有( )。

A. 欢迎互动　　　　　　　　　　B. 点赞及关注互动

C. 引导用户加入粉丝团　　　　　D. 问答互动

5. 社群组织的特点是( )。

A. 去中心化　　　　　　　　　　B. 建立强关系

C. 建立客户互助服务模式　　　　D. 低成本传播推广

三、技能实训题

某公司开展夏季文化衫的营销推广工作，拍摄了一部关于校园毕业季的微电影《那些年我们一起走过的青春》，想借助视频网站平台来宣传公司形象，吸引更多的年轻人了解公司的新款文化衫，拓展销售渠道，并充分了解老客户、潜在客户的新需求，为校园文化衫销售旺季做好营销准备工作。

实训任务:

1. 撰写视频营销策划方案。
2. 注册视频网站会员,上传视频并测试播放。
3. 充分利用网络平台进行推广,提升视频人气。
4. 跟踪营销效果并撰写分析报告。

项目六 直播电商的效果评估与改进

学习目标

知识目标：

1. 通过案例理解直播电商的效果评估过程

2. 掌握直播电商的效果评估指标：流量指标、人气指标和转化指标

3. 掌握直播电商的效果评判标准：品牌曝光、用户感受和转化成交

能力目标：

学会对直播电商进行复盘，对直播效果进行评估和改进

素养目标：

1. 通过本章节课程学习，培养学生形成以社会主义核心价值观为创作之本的观念

2. 培养学生良好的人文综合素养，围绕互联网中的新元素，在内容创作中自然融入社会主义核心价值观

3. 培养学生在直播引流内容创作中制作高知识含量的、有文化影响力的精品内容，培养学生形成健康正向的内容价值观，从而通过直播电商平台推动中国文化和国货品牌走向世界

4. 鼓励学生尊重传统，不断创新，通过持续的实践和练习在创新创业中增长智慧才干，在直播中锤炼意志品质

引导案例

《茜你一顿饭》直播数据复盘

《茜你一顿饭》是由十一号传媒和华盟新媒联合出品、叶一茜主持的全明星美食直播节目，该节目每期邀请不同的明星嘉宾做客叶一茜的私家厨房，开启美味直播。从 2016 年 7

月 15 日起，每周 2 天，该美食直播节目在优酷直播和手机淘宝直播双平台开播，自开播以来，收视率一路走高，观众口碑和影响力也不断上升。

案例亮点：《茜你一顿饭》由叶一茜、大左、刘维、马松组成"茜你家族"，是首档将美食、明星综艺、直播和电商完美结合的常态化明星直播节目。该直播节目由叶一茜主持，传递健康、时尚、家常的美食主张；与明星嘉宾畅聊私房话，奉上最新鲜热辣的明星八卦爆料，随时回答网友在直播过程中提出的问题并进行多轮次的抽奖互动。《茜你一顿饭》首次实现了从内容到电商的全面打通，以创新的"明星+美食直播、内容+互动+电商"的直播新玩法，创造出空前的直播收视热度，为观众带来了升级版边看边买的一站式购物体验，叶一茜也被称为"明星中吃螃蟹的第一人"。

复盘数据：

7 月 15 日第 1 期，主打商品销售 1 634 件，并有 1 606 人将其加入购物车。

9 月 5 日第 7 期，微博播放 36 万次。

10 月 3 日第 15 期，直播峰值突破 160 万人。

10 月 17 日第 19 期，粉丝亲临现场，点赞数突破 52 万。

第 1 和第 2 季，直播流量总计近一亿。

20 家微博大号 27 次直发/转发官方微博，转评数最高 4 300 余条。

话题阅读量累计 1.5 亿，相关话题 4 次登上微博热门榜。

252 篇新闻稿件在 35 家平台投放，32 次推首页焦点。

自媒体社交平台投放近 70 篇稿件，11 篇阅读量过万。

10 篇微信公关稿投放，阅读量最高超过 10 万。

16 家 App 强强联合，累计 135 次首页推荐。

思考与讨论：

(1) 案例中直播电商的效果主要是通过哪些指标进行测量的？

(2) 你觉得直播电商效果评估的最重要指标是什么？

从案例中的直播复盘数据我们可以对主播的直播效果进行一个综合的评价。不同企业和主播对于直播电商效果的评价指标也不同，但基础指标基本一致。通常来说，直播电商的效果评估指标分为流量指标、人气指标和转化指标，直播电商的效果评判和复盘都是根据这三个标准来进行的。

任务一　直播电商的效果评估指标

任务描述：针对一场直播电商活动进行运营数据的自检，确定需要监测的关键评估指标，直播期间对基于关键评估指标的各项有关数据进行统计。

任务分析：学习直播电商的通用效果评估指标，即流量指标、人气指标和转化指标，确定直播电商活动评估的关键指标，如在线人数、互动数量、成交单量等；学会收集并分析直播电商活动的相关数据，包括直播前后的销售数据、观众互动数据等；分析数据之间的关联和影响。

任务实施：每 3 人为 1 组，完成以下任务。

1. 根据个人兴趣选取一场代表性的直播电商活动。

2. 记录直播期间的各项数据，如在线人数、互动数量、成交单量等。

3. 使用数据分析工具进行数据处理和分析。

4. 生成数据报告，展示数据结果。

任务评价：通过本任务的实施，学生可以了解直播数据的来源和采集方式，学会实时监测数据，不断优化数据采集和分析方法，提高数据质量和分析效果。

知识链接

直播电商运营需要基于数据进行自检，有些数据是后台可以直接监测到的，有些数据则需要通过进一步的测算才能得出。通过数据分析达到盘活粉丝存量以及扩大粉丝增量的目的。盘活粉丝存量指的是将已有粉丝的积极性调动起来，扩大粉丝增量则是指要尽可能多地吸引新粉丝。这些数据在每场直播结束后，都能在后台系统中看到。不同的直播电商平台有不同的数据指标，但从直播电商的本质出发，通用的评估指标主要有流量指标、人气指标和转化指标。

6.1.1　流量指标：在线人数

流量指标通常对应直播间的在线人数，在线人数指的是同时在线观看直播间的直播内容的用户数量。在线人数是直播间流量的核心指标，不同的直播平台有不同的流量评价指标，但通常最值得关注的流量指标就是在线人数。

总 PV，指总的页面浏览量或点击量，用户每访问直播间 1 次即记录 1 次 PV。用户对同一页面多次访问，访问量累计。这个数据一般可以直接在后台获取。

总 UV，指访问直播间的总人数。在同 1 天内，进入直播间的用户最多被记录 1 次 UV。

粉丝 UV 占比，是粉丝浏览人数与总 UV 之比。这个数据代表的是正常直播粉丝的观看率，如果一场直播数据中，粉丝 UV 占比较高，说明本场直播的主题和已有粉丝的调性是匹配的，而且私域运营和前期预热做得很好。如果粉丝 UV 占比低于 50%，则代表这场直播路人观看较多，完全没有吸引已有粉丝的注意，那么最大的问题就是要考虑如何盘活粉丝存量，也就是做好已有粉丝的运营与维护。

小贴士

直播观看人数的多少和在线人数的多少决定了直播间的水平和人气。目前很多大主播的直播间进入速度都非常快，如此叠加的在线人数也会很多，观看次数增长的速度也就更快。人数非常多的直播间就会获得实时的热度，获得系统更多的推荐，从而获取更多的曝光机会。

在线人数要从两个维度展开分析：在线人数的变化曲线和在线人数的稳定程度。

一、在线人数的变化曲线

在线人数的变化曲线代表直播间的内容质量。随着单场直播的开展，在线人数的变化可以最直观地反映直播间的内容质量。在线人数的变化曲线会出现波峰和波谷，波峰代表

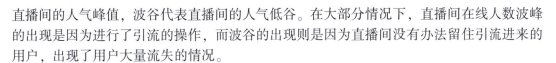

直播间的人气峰值，波谷代表直播间的人气低谷。在大部分情况下，直播间在线人数波峰的出现是因为进行了引流的操作，而波谷的出现则是因为直播间没有办法留住引流进来的用户，出现了用户大量流失的情况。

二、在线人数的稳定程度

在线人数的稳定程度代表直播间的用户黏性。随着多场次直播的开展，稳定的在线人数代表着用户对直播间的黏性。去除波峰、波谷的变化曲线，在线人数的稳定程度代表内容既能留住新用户又能吸引老用户的回流。对所有试图开展直播电商的个人或企业来说，只有持续地把新进入直播间的新用户转化成第 2 天还会回来观看直播的老用户，才能确保直播能持续开展。

6.1.2　人气指标：互动数量

人气指标对应直播间的互动数量。互动指的是用户在直播间的评论区发起评论或参与直播间设置的话题。互动数量是直播间人气活跃程度的核心指标，越是交互活跃的直播间，意味着用户对直播内容的参与程度越高。

粉丝互动率，即粉丝互动人数与粉丝 UV 之比。粉丝互动率的数据代表观看直播的粉丝中，和主播产生互动的频繁程度，可以是点赞、评论、转发等任意互动行为。此数据指标低的话，说明直播没有调动粉丝的积极性，需要主播团队考虑更有创新的玩法和互动。

转粉率，即新增粉丝数与路人观看数（观看人数减去粉丝回访数）之比。1 名陌生用户，从进入直播间到最后购买的路径是"进入直播间—观看—感兴趣—关注—购买"，所以直播的转粉率是衡量一场直播是否做得好的指标。提高转粉率主要是通过激励或者互动来提醒用户关注直播间。3 个月内的新人主播，直播间的转粉率通常在 1%～5%，这是相对正常的数据，数据偏低说明直播做得不够好，有待改进；数据过高容易被官方判定为刷粉行为，对直播间信用会有一定的影响。非新人主播的转粉率一般维持在 4%～6%，这是比较理想的状态。

转粉率和销售转化率是对主播直播间内容质量考核的两个非常重要的指标，转粉率和销售转化率高的直播间也会吸引更多的公域流量。

互动数量要从两个维度展开分析：新用户互动量和老用户互动量。

一、新用户互动量

新用户互动量代表新用户进入直播间后，对直播中的内容产生兴趣，并受内容吸引参与其中。部分新用户的停留可能是猎奇，而能参与互动的新用户，通常被定义为直播间的优质用户。新用户的互动量决定了直播间能转化多少新用户成为老用户。

二、老用户互动量

如果老用户除了能持续地观看某直播间的每一场直播，还能对每场直播的内容保持互动参与，代表老用户已经成为该直播间的粉丝。部分老用户回来观看可能是由于开成了习惯，所以能持续参与互动的老用户，是直播间的优质粉丝。老用户的互动量多少决定了直播间的氛围好坏，越是好的互动氛围，直播间留下新用户的概率就越大。

6.1.3　转化指标：成交单量

成交单量是考核直播电商转化的核心指标，代表直播内容和电商销售达成了统一。结合流量指标和人气指标，成交单量要从以下两个维度展开分析。

一、成交单量与在线人数

直播间用户的精准程度可以用数值来衡量，即直播间用户的精准程度=成交单量/在线人数×100%。数值越低，精准程度越低，用户如果不精准，那么直播间就难以达成电商的销售转化。通常来说，每场直播精准程度数值都低于3%意味着数值偏低，如1 000人在线至少要达成30单成交。

二、成交单量与互动数量

直播间产品的内容策划质量同样可以用数值来衡量，即直播间产品的内容策划质量=成交单量/评论数据×100%。数值越低，代表策划质量越低。用户已经参与评论互动，但没有下单意愿，那么直播间就应当进行内容的调整。通常来说，直播间产品的内容策划质量数值每场直播都低于5%意味着数值偏低。

任务二　直播电商的效果判断标准

任务描述：对直播电商活动的销售效果进行评估，主要目的是对直播电商活动的效果进行量化和评估，以便优化未来的直播电商策略。

任务分析：分析直播内容、推广策略等对销售效果的影响，以评估活动的整体效果。

任务实施：3人一组完成以下任务。

1. 对比直播前后的销售数据，计算销售额增长情况。

2. 分析转化率，了解观众转化为消费者的比例。

3. 考查用户参与度，评估观众对直播的兴趣和互动程度。

任务评价：通过本任务的实施，学生可以掌握根据销售额增长情况评估直播的经济效益；依据转化率判断直播的营销效果；通过用户参与度评价直播的吸引力和互动性；综合各项指标，评估直播电商活动的整体效果，为后续优化提供参考。

知识链接

直播电商的效果并不存在唯一的判断标准，一切都与直播前设定的目标有关系，结合上文的数据指标和企业参与直播电商的目标，大体上可以根据以下情况对效果进行判断：品牌曝光、用户感受和转化成交。

6.2.1　品牌曝光

直播的过程也是不断向用户传播内容的过程，因此直播可以成为企业或个人宣传产品和传播品牌的渠道。直播间的在线人数越多，代表内容的覆盖面越广，企业的产品和品牌可以植入直播内容中，实现品牌曝光的需求。该标准主要考验的是直播间的流量指标（在线人数），只要流量指标达标，该场直播就可以认为是成功的。

6.2.2　用户感受

单纯观看直播的用户和喜欢直播间主播的粉丝的最大区别在于粉丝对主播是有情感信任的。直播过程是企业或个人建立用户情感信任的机会，因此，直播可以成为企业或个人获得粉丝的渠道。直播间的互动越活跃，代表直播间出镜的主播与用户之间产生情感信任的概率越大。该标准主要考验的是直播间的人气指标，即互动数量，只要互动数量足够且其中老用户互动量占比为 20% 以上，那么该场直播就可以认为是成功的。

> **小贴士**
>
> 护肤品、保健品等商品，是消费者在使用后或交易后也无法清楚和验证其质量的一类商品，需要商家通过各种方式增加消费者对于商品的信任度，如请知名人士代言、展示用户使用评价、提供专家报告。

6.2.3　转化成交

直播电商产品的销售转化，让粉丝变成客户，实现了从观看直播的用户、喜欢主播的粉丝到体验产品的客户的过程转变。在直播的过程中，用户和粉丝都是对直播内容消费，而产品达成销售并送到他们手上进行体验的时候，代表从内容消费转向产品消费。该标准主要考验的是直播间的转化指标即成交单量，成交单量高，代表直播间的内容真正帮助了产品的销售转化，那么该场直播就可以认为是成功的。

例如，2019 年上半年红人直播带货持续火爆，各路明星纷纷入驻直播平台直播卖货，销量惊人。天猫"双 11"全天，淘宝直播带来的成交额接近 200 亿元。图 6-1 所示为 2019 年上半年中国网民对直播电商的转化率城市分布统计，艾媒数据显示，2019 年上半年，中国三四线城市及县城网民对直播电商的转化率最高，达 46.1%；其次为村镇，转化率为 39.9%。

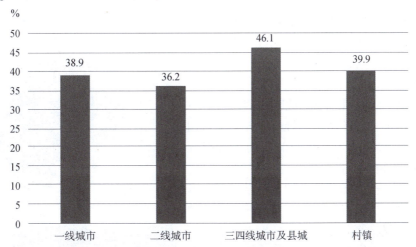

图 6-1　2019 年上半年中国网民对直播电商的转化率城市分布统计

任务三　直播电商复盘及改进

任务描述：对直播电商的整个过程进行回顾和总结，包括直播内容、销售数据、观众反馈等方面。

任务分析：分析直播过程中的优点和不足之处；研究销售数据，了解哪些产品畅销，哪些产品不受欢迎；关注观众反馈，包括留言、点赞、购买意愿等。

任务实施：每3人为1组，完成以下任务。

1. 收集和整理相关数据，如观看人数、销售量、转化率等。
2. 对比不同直播场次的数据，找出规律和趋势。
3. 与团队成员共同探讨改进方案。

任务评价：根据实施后的效果，评估复盘改进措施的有效性，衡量直播电商的整体业绩是否有提升，总结经验教训，为今后的直播活动提供参考。

知识链接

结合直播电商的效果评估指标和效果判断标准，我们可以从流量指标、人气指标和转化指标三个方面对直播电商进行复盘以及改进。

6.3.1　流量指标的复盘及改进

流量指标复盘结果不佳的原因有两个：在线人数少和在线人数不稳定。

一、在线人数少

直播间长期停留的在线人数在100人以内可以判定为在线人数少。随着在线人数的提高，引流策略可以通过平台工具进行操作，但更主要的是受留存策略的影响。

改进策略：①优化直播场景中的背景标示；②调整直播出镜主播的话术引导；③强调对新用户的关注，及时与进入直播间的新用户进行互动，让新用户有参与感。

图6-2所示为直播间互动抽奖活动，据图可知主播团队设置了只有在关注主播后才有中奖的可能，最后不仅将奖品送出去了，也引导了粉丝来关注，增加了在线人数。

一般直播间抽奖的常规做法是在公屏里面打出"666"或者在公屏里面打出一个主播给出的特定"暗号"，然后截图，截图截到的账号名即代表

图6-2　直播间互动抽奖活动

中奖者。

不管是在直播间送福利还是抽奖，主播做的任何动作都必须对直播间流量以及转化有价值并起到促进作用。

不同直播平台因为公域流量和私域流量占比不同，因此提高在线人数的方法也是有所区别的，以淘宝直播为例，提高淘宝直播在线人数的方法有以下几个。

（1）如图6-3所示，通过生意参谋，主播团队可以随时掌握店铺销量及进销存管理，做到账务明细、利润结算一步搞定。根据淘宝直播排名规则，观看淘宝直播的观众会影响淘宝直播的排名，那么主播和卖家将引导买家在直播期间进行观看。淘宝直播的主播一般会采取送福利、红包、优惠券等方式来吸引买家，大部分主播会设计福利链接，并尽可能形成自己的风格和创意。

图6-3　生意参谋

（2）淘宝直播的观众数量也会影响排名，那么主播和卖家应该学会"吸粉"，学会播出前进行宣传活动。淘宝直播是阿里巴巴推出的直播平台，定位"消费类直播"，用户可"边看边买"，涵盖的范畴包括母婴、美妆、潮搭、美食、运动健身等。

（3）巧妙利用淘宝直播时段，错开直播大腕的巅峰，选择直播少的时段增加人气，先冲上排名，再去吸引更多粉丝，粉丝多了自然可以获得更高的排名。

（4）引导买家去商店收藏宝贝、购买宝贝，淘宝直播不同于其他直播平台，在淘宝开直播最重要的目的就是销售商品。

二、在线人数不稳定

直播间的在线人数中老用户的比例是在线人数稳定的保障，因此要确保老用户能持续地回来看直播。

改进策略：①固定开播时间，让老用户养成观看习惯；②强化直播预告，提高初次看直播的新用户转化成老用户的概率；③进行社群运营，运营人员通过私信的方式，逐步引导老用户添加运营人员的微信，组建粉丝社群，方便老用户在直播期间可以快速进入直播间。

图6-4所示为不同直播间单场直播在线人数监测，直播间A在线人数非常不稳定，流量达到最高峰后一直处于下滑状态，直至下播。直播间B在线人数相对稳定，且有一定的规律性。纵观头部主播的在线人数统计，几乎都可以找到一定的规律性。稳定的在线人

数，源于对节奏的把控，也是专业主播和业余主播的最大区别。把控节奏的关键之处在于脚本，即越新的主播，需要越细的脚本，最好能精确到每分钟。而老手主播，注意话题脚本就可以了。

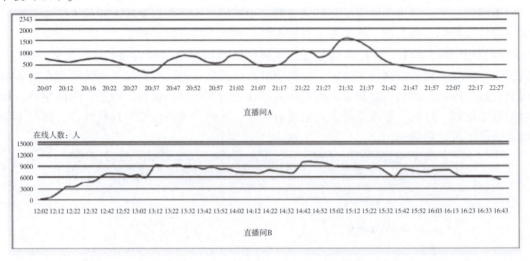

图6-4　不同直播间单场直播在线人数监测

6.3.2　人气指标的复盘及改进

人气指标复盘结果不佳的原因通常为新用户、老用户互动量低。

一、新用户互动量低

直播间的新用户在进入直播间后，没有退出直播间，但是也没有参与评论互动，这意味着新用户互动量低。

改进策略：①强化直播间运营人员的互动引导，让进入直播间的新用户可以快速找到参与直播互动的方式；②调整直播间的游戏或玩法，避免新用户不知道如何参与到互动中来。

很多时候，直播带货不是一蹴而就的，需要一个循序渐进的过程，让用户经历"陌生—熟悉—信任—购买"的过程，而直播互动技巧在中间起到关键作用。直播互动技巧可以直接影响直播间的人气和最终转化率。只有直播间有人气，才会有趣味；只有有趣味，游客才会停留。而"粉丝"在直播间进行停留，我们才有机会进行后续的成交转化。连麦是直播间互动的有效技巧之一（特别是和铁杆粉丝连麦），可以调动粉丝的积极性。图6-5所示是主播连麦场景。

图6-5　主播连麦场景

二、老用户互动量低

老用户互动量低是指直播间的老用户回来观看后，没有参与评论互动。

改进策略：①及时引导老用户观看直播，给予福利奖励，刺激老用户参与互动；②调整老用户的引流方式，避免吸引过多不喜欢评论的用户进入粉丝社群；③运营人员充当老用户，引导评论互动。

另外，可以积极引导直播间的老用户加群。通过各种手段吸引粉丝进群，让不同的粉丝成为你的聊天好友，可以随时随地通知他们看直播。粉丝进群后一定要进行维护，很多主播建立了粉丝群但不会维护，导致粉丝流失；所以粉丝进群后，一定要做好粉丝维护，让粉丝快速融入以主播为中心的大家庭。主播要给到粉丝存在感，如给刷礼物的老用户授予更高的等级，平台进行青铜、白银、黄金等层级粉丝划分，就是为了刺激粉丝进行消费。

6.3.3　转化指标的复盘及改进

转化指标主要复盘两个核心数据：成交率和退货率。

一、成交率

成交率的计算方法：产品上架后的成交单量/当前时段直播间人数×100%。

成交率直接反映选品策略是否正确，如果直播电商成交率持续走低，且持续保持在10%以内，意味着选品和直播间的用户匹配度不高，需要进行调整。

改进策略如下。

(1)产品调整：重新分析直播间的用户数据，调整上架产品的选择或产品的外在属性，如产品的包装材料、产品亮点、产品价格等。在不同的节日中，像生日、纪念日或圣诞节这类的特殊节日，除了要督促产品能够按时送达，还要留意用户收到产品时对于产品品质的反馈。因此，多花些心思将产品包装得美观且富有创意，会让用户对企业的服务更加满意。

(2)价格调整：重新分析在产品价格上是否已经做好价格保护，或调整产品组合策略，进行差异化定价。

(3)转化策略调整：在活动策划上要强化互动的元素，不要让用户在直播间只成为看戏的观众。

二、退货率

直播电商退货率的计算方法：退换单数/成交单数×100%。

直播电商行业由于存在冲动消费的因素，一般情况下，退货率为30%~50%。

通常来说，企业的目标是将非质量问题的退货率控制到20%以内。退货率直接影响企业的毛利率，退货回来的产品变成库存，不利于企业的资金周转。

在直播电商行业中，消费者大多是出于信任主播和冲动欲望来购买直播产品的，而想要赢得粉丝长期的信任，电商主播必须对自己所宣传的产品负责。直播供应链不仅要保证送货及时，还要保证产品质量。电商带货靠的是粉丝效应以及口碑，一旦产品出现质量问题，口碑下降，很容易流失粉丝，导致销量下滑。因此，直播电商供应链需要保证粉丝只会因为款式和大小等非质量问题而退换货，而不是因为质量问题退换货。

2019 年 11 月 1 日，国家广播电视总局发布通知，明确要求在"双十一"期间必须加强规范网络视听电商直播节目，要求用语文明、规范，不得夸大其词，不得欺诈和误导消费者，且要求电商直播中的广告宣传也要讲导向，切实增强政治意识、导向意识、责任意识和法律意识。

在黑猫投诉平台上搜索统计关于直播退货的投诉。分别搜索"电商直播退货""网红直播退货""直播带货退货""直播退货"四个关键词，以用户购买平台和投诉原因 2 个维度为标准，通过关键词搜索，可以得出近 600 条投诉，删除重复的投诉，如表 6-1 所示。

表 6-1　黑猫投诉平台上搜索统计关于直播退货的投诉

关键词	平台			
	快手/有赞	淘宝	抖音	其他
电商直播退货	14	—	3	1
网红直播退货	5	5	—	—
直播带货退货	6	2	—	13
直播退货	139	95	13	113
总计	164	102	16	127

注：①其他平台包含除快手、抖音、淘宝的所有平台；②有赞很多投诉是消费者从快手直播间链接过去的，故将快手和有赞的投诉放在一起统计。

改进策略如下。

(1)话术调整：注意引导技巧，检查是否在直播内容上出现了过度引导的情况。

(2)体验调整：对发货和客服等跟用户息息相关的细节工作进行优化。

(3)产品调整：重新分析直播间的用户数据，调整上架产品的选择或产品的外在属性（包装材料、亮点、价格）。直播带货是向用户推广、推销自己的产品，是以用户为中心而展开的。所以，直播电商必须在直播带货中弄清用户的喜好和消费需求，清楚直播间的粉丝用户画像。作为新手主播，一般从自己的账号定位出发，分析账号的用户画像，选择与账号定位相关的产品。当主播做大直播后，可以从垂直领域的产品逐渐向多品类产品展开，扩大选品的范围。

(4)价格调整：思考是否在产品价格上没做好价格保护，或需要调整产品组合策略，进行差异化定价。为了突出直播带货产品的优势，一般可以选择挑选一系列的不知名产品进行对比，来刺激消费，促进成交。

(5)转化策略调整：直播带货如果只是简单地跟大家介绍产品，用户不一定会下单购买。主播需要熟悉各种直播带货的策略才能更好地刺激用户的消费欲望。在直播带货中，主播最常用的带货策略就是抽奖及发放优惠券。在直播带货中，用户的从众心理非常严重，很多人其实是跟风购买产品。针对这一消费特点，主播进行抽奖实际上是为了迅速提高直播间的活跃度，吸引更多用户参与其中。只有用户能参与其中，才会有观看直播的想法。这时，再使用一些直播引导话术就会比较容易地留住用户，使其继续观看主播介绍的产品。发放优惠券的目的是让用户降低心理门槛，营造一种买到就是赚到的氛围。

6.3.4　归纳与提升

不同的直播电商平台有不同的数据指标，但从直播电商的本质出发，通用的评估指标主要有三个：流量指标、人气指标和转化指标。在线人数是直播间流量的核心指标，不同的直播平台有不同的评价指标，但最值得关注的代表流量的指标就是在线人数。互动数量是直播间人气活跃程度的核心指标，越是交互活跃的直播间，用户对直播内容的参与程度就越高。成交单量是考核直播电商转化的核心指标，代表直播内容和电商销售达成了统一。

直播电商的效果并不存在唯一的判断标准，一切都与直播前设定的目标有关系，大体上可以根据三种情况对直播电商的效果进行判断：品牌曝光、用户感受和转化成交。以结果为导向是直播电商实施过程中应该具备的思维，但直播电商的结果并不是唯一的。因此，如果追求让更多用户看到我们的直播，那么应该从内容上设定目标；如果追求让更多的产品达成销售，那么应该从产品和销售策略上做更多功课。

结合直播电商的效果评估指标和效果判断标准，我们可以从流量指标、人气指标和转化指标三个方面对直播电商进行复盘以及改进。流量指标方面的问题主要是在线人数低和在线人数不稳定。人气指标方面的问题主要是新用户互动量少以及老用户互动量少。转化指标方面的问题主要是成交率低和退货率高的问题。通过这些数据可以对直播电商效果进行及时复盘和改进。

任务测验

一、填空题

1. 不同的直播电商平台有不同的数据指标，但从直播电商的本质出发，通用的直播效果评估指标主要有_____指标、_____指标和_____指标。

2. 不同的直播平台有不同的流量评价指标，但通常最值得关注的流量指标就是_____。

3. _____率和_____率是对主播直播间内容质量考核的两个非常重要的指标。

4. 直播电商的效果并不存在唯一的判断标准，一切都与直播前设定的目标有关系，结合上文的数据指标和企业参与直播电商的目标，大体上可以根据三种情况对效果进行判断：_____、_____和_____。

5. 流量指标复盘结果不佳的原因通常分为2种情况：_____和_____。

二、简答题

1. 如何评价一场带货直播的效果？

2. 直播电商的转化指标都有哪些？

3. 如何从品牌曝光角度判断直播电商的效果？

4. 如果一场直播在线人数低，应该如何改进？

三、技能实训题

场景实训：直播复盘的核心思路提升。

为提高对各直播平台的直播效果进行综合评判的能力，我们将进行相关实训操作。

实训目标：

1. 掌握直播电商效果评估的指标。

2. 掌握直播电商的复盘改进方法。

3. 理解直播电商效果的实质。

实训内容：

结合项目五的实训操作与本章中的内容对直播电商效果进行综合评估，给出复盘改进意见。

实训要求：

1. 具体通过流量指标、人气指标和转化指标量化直播效果数据。

2. 通过研究复盘改进建议提高直播电商的效果。

项目七 直播电商运营案例分析

🎯 学习目标

知识目标：

1. 了解直播+电商带货运营模式的含义与基本内容
2. 了解直播+发布会运营模式的含义与基本内容
3. 了解直播+互动运营模式的含义与基本内容
4. 了解直播+内容营销运营模式的含义与基本内容
5. 了解直播+植入运营模式的含义与基本内容
6. 了解直播+个人IP运营模式的含义与基本内容

能力目标：

1. 能够理解直播运营模式的业务流程
2. 能够掌握直播+电商带货运营模式的策划流程
3. 能够掌握直播+发布会运营模式的策划流程
4. 能够掌握直播+互动运营模式的策划流程
5. 能够掌握直播+内容营销运营模式的策划流程
6. 能够掌握直播+植入运营模式的策划流程
7. 能够掌握直播+个人IP运营模式的策划流程

素养目标：

1. 具备较强的理解能力和实践能力，能够根据不同的运营目标选择有效的直播运营模式
2. 熟悉《中华人民共和国电子商务法》《中华人民共和国广告法》，在直播运营过程中能够严格遵守相关法律法规
3. 能够在直播运营过程中坚持科学的价值观，树立正确的道德观

引导案例

2023 年，淘宝天猫 618 直播预售首日数据显示，不仅多个头部直播间交易额破亿，破千万的达人直播间、品牌直播间也不在少数，直播赛道在大促期间的表现亮眼。

2022 年，直播电商 GMV（商品交易金额）约为 3.5 万亿元人民币，年增长率高达 53%。可以说，哪怕是在各行各业公认"最难的一年"，直播电商也交出了一份不错的答卷。

事实上，自 2021 年起，唱衰直播电商的声音就从未间断，甚至成为一众自媒体的流量密码。不可否认，直播电商行业经历过野蛮生长，随着激烈竞争和不断涌现的内容，消费者开始逐步变得理性，流量红利的潮水已经退去。

随着品牌和平台获取流量的难度不断加大，不少专业人士也表示：直播电商已进入深度存量时代。在这一时期，如何开发冰山下的"潜能"，寻找行业增量，已成为各方的共同目标。

2022 年，东方甄选的直播间就是以独特有趣的知识带货，火爆全网，观众在观看直播的时候，会被他们幽默有趣的讲解吸引，从而长时间在直播间里停留。其中比较具有代表性的主播就是董宇辉，他将知识与带货相结合，将诗词歌赋与产品联系，用中英双语来介绍产品，一直从文学聊到哲学。这为直播电商开辟了一种新的带货思路。而东方甄选的粉丝也已经突破 2 900 万，半年带货金额 48 亿元，数据就是东方甄选成功最有力的证明。

2022 年 7 月，"趣店罗老板"通过 1 分钱送酸菜鱼、多平台推广等各种方式，为直播间引流，19 小时成功带货 25 亿元人民币。

这个看似是一个非常好的开始，但是没多久"趣店罗老板"就黯然退场。花费大量财力确实让直播间的人气以及流量得到了飞速的提升，但是也导致了直播间的根基不够稳定，没有稳定的观众基础。"趣店罗老板"这个案例，说明"钞能力"是好用，但也并非一直都好用，没有实力把流量转化成自己忠诚的粉丝，最后也还是一场空。

通过直播间中大大小小的变化，可以发现直播带货的方式从最初单一的"叫卖式"带货，演变成了各式各样不同的方式，让直播带货有了更多的可能性。

思考与讨论：

(1)请思考目前的直播运营模式有哪些？

(2)请谈谈你最喜欢观看的直播模式是哪种，它是如何呈现的？

任务一　直播+电商带货

任务描述：随着直播行业的快速发展，直播+电商带货模式已成为新的销售趋势。本任务要求学生通过实际操作和理论分析，深入了解直播+电商带货的运营策略、用户互动方式以及带货效果评估。

1. 选择一个直播+电商带货的实例（如董宇辉等知名主播的直播案例），进行案例研究。

2. 分析该案例的直播策略、产品选择、用户互动方式及带货效果。

任务分析：学生需要选择一个具有代表性、数据公开可查的直播+电商带货案例。确

保所选案例具有分析价值，并能反映出行业的普遍规律。

任务实施： 每3人为1组，完成以下任务。

1. 数据收集：学生需通过查阅相关报道、观看直播回放、搜集公开数据等方式收集案例信息。

2. 案例分析：对收集到的数据进行整理和分析，提炼出案例中的关键信息和运营策略。

3. 撰写报告：将分析结果以报告形式呈现，包括案例介绍、策略分析、改进建议等内容。报告应结构清晰、逻辑严密、语言准确。

任务评价： 通过本任务的实施，学生可以了解直播+电商带货的功能，掌握其优势与劣势，为后续的直播改进做铺垫。

知识链接

7.1.1　直播电商带货的含义

直播电商带货，可以让企业和商家获得相对于线下商品交易更多的商务机会和宣传的机会，为企业和商家提供了更多的便利。自2016年开始，直播电商的营销模式已经开始在互联网上广泛流行并在短时间内迅速受到广大电商的认可和欢迎，该营销模式为许多电商企业创造了巨额的市场利润，在短时间内有效促进了其销售业绩的快速增长。此种营销模式解决了以往传统的电商营销方式不能完全地将商品的性质和特点展现给广大消费者的问题，有利于激发广大消费者对商品购买的兴趣和激情，促进消费者与卖家之间的互动和交流。

总的来说，直播电商带货是一种将电商和直播相结合的商业模式。其核心目的是利用直播互动的特性，吸引观众点击、进入电商平台，从而直接进行购买或者咨询的活动。直播电商带货作为一种创新的营销方式，既可以提高用户的黏性，也可以增加销售。它在短时间内获得了爆炸式的增长，越来越多的品牌把直播带货视为一种有效的品牌营销渠道。

7.1.2　直播电商助力网络销售

直播带货发展迅速，其覆盖范围越来越广，产业规模和数额都呈现出了爆发式的增长，直播电商带货的模式逐渐走向了市场化和运作的专业化道路，并已经成为一种现象级别的新型业态。2020年，直播电商带货异军突起，据商务部公布的数据，2024年网上零售额为15.5万亿元，同比增长7.2%。其中，直播销售额超5.3万亿元，同比增长34.1%，占网络零售额的34.2%。

在流量红利期过去之后，考验的是直播电商商家从选品、招商、策划、运营、销售、直播甚至到售后整个链条的精细化运营，赚快钱的时代已经过去，直播电商的归途，只能是做"时间的朋友"。

几年前，各大电商平台在大搞各类营销活动时，消费者往往需要先参与各种凑单、购后返券，甚至还要组队游戏等，才有可能最终享受到折扣，层出不穷的"玩法"和纷繁复杂的"规则"，很多消费者都患上了"选择困难症"。加上近年来直播带货的飞速进化，尽管消费者了解商品的方式变得更加丰富，但面对多如牛毛的主播和琳琅满目的在架商品，常有人感叹："现在买个东西，可真是太难了，奥数题算了半天，结果把钱花到了刀背上。"这无疑会消耗用户的信任。令人欣慰的是，不少主播在打破大家的传统认知，直播间提前预告已经成为常规操作，到了大促节，很多主播开始在预售前提前做产品种草和介绍、发布直播间爆款清单，甚至自己做起了"课代表"，为用户发布大促攻略表等，意在辅助消费者的决策，从便宜、明白、便利、买对产品等各个方面吸引用户。

第一步，就是为消费者营造更真实的购物场景。在"618"婚庆旅游专场中，各大直播间直接搬到了婚礼现场，为消费者带来了沉浸式的直播体验，展示了婚纱摄影、一站式婚礼堂、女装礼服等多个产品。除了搭建的直播场景追求真实，在"人型货架"助播团的选择上，直播间也力求真实。根据消费者的需求配置了小个子和微胖模特，在衣服展示时，对应身材的消费者也有了可参考的模特，也使整个直播间的讲解更具参考价值。

第二步，就是帮助消费者在直播间理性购物，为消费者提供贴合自身需求的购物选择。比起实物滤镜，用户心中的消费滤镜更值得警惕。在直播的同时让用户一边学习专业美妆、护肤和生活知识，一边从成堆的产品中挑选出最适合自己的产品。走心的直播内容得到了消费者的认可，许多用户在直播的帮助下都买到自己真正需要的产品，实现了理性消费、快乐购物。

直播间外服务延伸，全域渗透。调查显示，比起大部分带着目的观看直播、精准下单的用户来说，直播电商面向的更多是漫无目的在闲逛的用户。他们可能会因为算法推荐而点进直播间，并非奔着货本身而去，等被主播安利和种草货物后，才完成消费行为。例如，直播电商完善用户反馈渠道，在"会员服务中心"小程序中上线了"许愿瓶"功能，借助平台增设了进一步了解消费者需求的渠道，从而提高选品的精准度。行业几乎已经达成共识，直播电商的本质是服务。

在直播间这一新兴场域中，产品展示变得更加立体、丰富。主播与消费者的沟通变得更加即时，而这一切都是为了服务用户，帮助其下单更高效、快捷。直播电商的创新思路也在以"服务"为中心进行发散：如何帮助用户选到适合自己的产品？如何更精准地掌握用户的购买需求？如何帮助用户理解品牌？经过这些思考后，所谓的爆款内容才能应运而生。

7.1.3　直播电商带货的优缺点

一、直播电商带货的优点

(一) 提高用户体验

直播带货具备随时随地购买的特性，大幅提高了用户购物的体验。用户可以直接看到产品的展示、试用和其他人的使用感受等，而且还可以与主播进行互动。

(二) 提高购买转化率

通过直播带货的方式，用户在直播间中就可以得到充足的商品信息，可以无须离开直播间便可完成购买，提升购物的转化率。

(三) 降低销售成本

直播带货的网络秀场可以覆盖无数客户，相较于实体店而言，节省了巨额的人力与物力成本。

(四)提高用户忠诚度

直播带货中主播与观众进行互动，建立起一种亲密的关系，观众往往会因为主播的个人品牌、形象以及所推荐的商品而对其产生信任和认同感，从而达到提高客户忠诚度的目的。

二、直播电商带货的缺点

(一)质量不稳定

对于直播带货的质量并没有特别明确的标准，这就导致了市场上出现以次充好、虚假宣传等问题。

(二)信息不足

由于直播带货较为流行，很多信息展示得十分混乱，可能会漏掉某些重要商品的介绍，无法满足消费者对于商品信息的需求。

(三)时间限制

直播带货的时间周期较短，往往在几个小时之内进行，这对于部分消费者来说，较难抽出这么长时间观看完整版直播，其效果也因此降低。

7.1.4　直播电商带货的发展趋势

直播电商发展迅速，未来将会更加广泛和深入，其中最大趋势便是数字化物流。我国的电商物流已经发展起来，完全可以直接进入新一代直播带货模式。2021年，京东打造了聚合直播三大阵地，内部直播+合作/LIVE直播+大促营销等多种形态，进一步深化了直播的运营体验。同时，加大内容平台的输出力度，如快手、抖音等内容平台，推出了市场营销、微博推广等专业服务，不断帮助企业在网络营销和推广方面找到新的增长点。

直播带货的核心消费群是年轻消费者。为了进一步扩大市场，直播带货行业将加强与社交平台和社交媒体的合作，以吸引更多年轻用户，扩大市场。另外，由于直播内容的多样化，未来有望从不同层次、领域的品牌打破行业壁垒，扩大直播带货的市场，进一步促进整个行业的发展。

任务二　直播+发布会

任务描述： 随着直播技术的普及，越来越多的企业选择通过直播的方式举办发布会，以更直观、更生动地展示产品特性和品牌理念。本任务旨在引导学生深入了解"直播+发布会"的运营模式和策略，通过案例分析掌握其关键要素和成功因素。

1. 选择一个近期热门的"直播+发布会"案例进行深入研究。

2. 分析该案例中直播发布会的策划、执行和效果评估等环节。

3. 提炼出该案例中的成功要素和创新点。

4. 思考并提出针对"直播+发布会"的改进建议或未来发展趋势。

任务分析： 通过案例分析，学生能够深入理解"直播+发布会"的运营模式，了解其优势与劣势，掌握其关键要素和成功因素。

任务实施：每3人为1组，完成以下任务。

1. 资料收集：学生需通过查阅相关报道、观看直播回放、收集数据等方式获取案例资料。

2. 案例分析：对收集到的资料进行整理和分析，提炼出案例中的关键信息和运营策略。

3. 成果展示：将分析结果以报告或PPT的形式进行展示，包括案例介绍、策划与执行分析、效果评估以及成功要素和创新点等内容。

任务评价：通过案例分析，学生能够深入理解"直播+发布会"的运营模式，通过实际操作和分析，学生能够提升实践分析能力和解决问题能力。通过思考并提出改进建议或未来发展趋势，学生能够拓展自己的创新思维和视野。

知识链接

7.2.1 直播+发布会运营模式的含义

直播+发布会运营模式是将视频直播技术引入发布会中，通过网络实时向受众展示，并利用互动功能，加强与用户的连接，从而加强发布会的效果。直播+发布会运营模式是当前网络营销领域一种颇受关注的新兴类型，通过利用前沿技术达到优化发布会的效果，提高品牌形象和知名度的目的。

7.2.2 小米手机发布会

小米公司成立于2010年，主营手机、笔记本电脑等数码产品，其品牌在国际市场中也备受欢迎。小米10新品发布会首开线上发布会先河。小米10发布会在线观看人数达到299万，微博话题收获了12.6亿的阅读量。通过打造一场具有视觉冲击力、代入感、专业性的沉浸式、多场景互动直播发布会，对产品进行专业的诠释，把线上发布会做成了一场"艺术大片"。在发布会的互动设置方面，小米通过明星祝福及代言人王一博强大的号召力，给发布会积攒人气，如天天向上汪涵就视频现身会场。针对提升销量、带货这一品牌的强人需求，发布会在后期带来了开箱体验及专业测评的环节。

2020年，全网线上直播的IQOO3新品发布会活动在给用户带来强悍新机的同时，也让行业看到了发布会的新玩法。为了让用户更好地理解产品利益点，直播流程中增加了情景剧来阐述用户痛点，以适应线上渠道，工作人员也是戏精上身，倾情出演，增强直播看点，帮助用户理解。产品宣讲过后，发布会还开设了第二直播间，实时接受网友的在线提问，以便呈现更多产品信息。和传统发布会相比，这种形式更拉近了品牌和用户之间的距离。针对不同平台的不同属性，直播设置了多重抽奖环节，调动用户参与。视觉设计上面，直播舞台保持了IQOO一贯的设计风格，保持着线下发布会的超高水准。

未来无界NEX 3S 5G线上直播新品发布会，用一场AR跨维度的线上发布，将线下感官体验带到了线上。用绿幕搭建一个空间，用于拍摄和直播，后期借助AR技术完成视觉环境制作与产品性能展示。不管线下还是线上，视觉还是第一的。前期与后期同步，现实与虚拟共存，NEX 3S打造了电影般的"未来幻境"。为了确保观众的注意力，活动还在直播过程中设置了多种抽奖环节，调动用户参与。

线上发布会和线下相比，各有利弊。线下更注重真实感、体验感，易带动观众情绪，易于观众对品牌产生记忆点；而线上发布会更便捷，传播效果好，并且节省人力物力，也节省筹备时间和成本，逐渐成为品牌营销率先考虑的途径。

7.2.3　直播+发布会运营模式的优缺点

一、直播+发布会运营模式的优点

(一)节约成本

传统模式下的发布会需在现场布置场景、准备音效、灯光和影像制作等工作，成本较高，而直播+发布会模式无须投入大量的资金和成本，能实现同样的效果。

(二)能够扩大受众

网络直播，不受地域限制，消费者不再需要亲自到场参加发布会，只要有网络覆盖，即可收看直播。

(三)提高用户体验

直播带来的实时性、互动性和个性化定制等特点，让消费者的参与感更强，使产品更有吸引力和市场竞争力。

(四)数据支持

直播+发布会运营模式的数据分析功能能够提供充分支撑，利用数据分析来观察消费者的兴趣、行为习惯并进行针对性调整。

二、直播+发布会运营模式的缺点

(一)技术设备要求高

对于需要更高质量的直播，技术设备要求相对较高，对网络带宽、现场维护等方面的要求也较为严格。

(二)内容不能保证覆盖全面

由于直播的时间有限，对于内容也存在一定的限制，可能会出现一定程度的内容漏洞。

(三)可靠性与稳定性有待提高

实时直播可能会遇到网络被攻击或出现网络波动等问题，会影响直播质量和稳定性。

7.2.4　直播+发布会运营模式的发展趋势

直播+发布会运营模式的发展趋势十分明显。在未来，大量的企业产品发布会将以此模式展开，进行企业品牌的形象宣传和产品推广。互联网媒体的发展也让直播+发布会模式更加普及，任何人都可以通过网络随时随地观看到各种类型的直播发布会。

未来，直播+发布会模式将继续融合虚拟现实技术，会更真实、更丰富，使观众能够身临其境，提升观看体验。同样，直播+发布会模式也将更多地通过社交媒体传播，将信息迅速传递给广大用户，大大提高传播效率。同时，配合人工智能和大数据技术，通过数据分析定制化推荐和个人定制服务等提升直播发布会的用户体验，从而进一步发挥直播+发布会运营模式的优势。

任务三　直播+互动营销

任务描述："直播+互动营销"已成为现代营销领域的一大趋势，它通过直播的形式，结合各种互动手段，极大地提高了品牌曝光度和用户参与度。在本任务中，学生需要深入探索"直播+互动营销"的运营策略，通过案例分析理解其背后的原理和实践技巧。

1. 选择一个成功的"直播+互动营销"案例进行研究。

2. 分析该案例中互动营销的设计思路、实施步骤以及所达到的效果。

3. 总结案例中值得借鉴的成功要素，并思考其背后的理论依据。

4. 提出针对该案例或更广泛场景下"直播+互动营销"的优化建议或创新想法。

任务分析：学生应选择具有代表性、创新性和影响力的"直播+互动营销"案例，确保案例的研究价值。深入分析案例中互动营销的设计思路，包括目标设定、内容规划、互动环节设计等，基于上述分析，学生应提出具有可操作性的优化建议或创新想法，提高"直播+互动营销"的效果和效率。

任务实施：3人一组完成以下任务。

1. 资料收集：学生需通过查阅相关报道、观看直播回放、收集数据等方式获取案例资料。

2. 案例分析：对收集到的资料进行整理和分析，深入理解案例中的互动营销策略和效果。

3. 成果展示：将分析结果以报告或PPT的形式进行展示，包括案例介绍、设计思路与实施步骤分析、效果评估与成功要素提炼以及优化建议或创新想法等。

任务评价：学生能够通过分析案例，提升自己在数据分析、逻辑思考和策略制定等方面的能力。通过提出优化建议和创新想法，学生能够拓展自己的创新思维和视野，为未来的营销实践提供新的思路和方法。

知识链接

7.3.1　直播+互动营销运营模式的含义

传统的商品信息单向输送，无法收集顾客的意见和信息，不清楚消费者的反馈及心中所想，而作为网络软营销方式之一的互动营销则受到企业的大力追捧和青睐。互动营销在营销过程中更多的是为消费者提供互动体验，并不是直接销售。这种营销方式通过与消费者多样的互动交流，和消费者保持一种良好的互动关系，提高消费者对产品和服务的感知度，拉近企业与消费者之间的距离，提高彼此信任度，通过企业和消费者充分的沟通和理解寻找利益交叉点，最终实现营销目的。

直播+互动营销运营模式是将即时视频直播技术和用户互动功能运用于营销领域，利用互联网优势打造的一种全新营销模式。该模式不仅满足消费者对内容的需求，更重要的是与消费者的互动以及对消费者的关注程度。通过直播平台，品牌可以直接与消费者群体接触，从而建立品牌形象，促进转化。

互动营销的实质就是以消费者的实际需求为基础，切实体现商品的实用性。互动营销能够促进企业和消费者通过"换位思考"来观察问题、解决问题，并促使双方相互学习、相互启发和彼此改进。而网络直播作为当今最典型的互动营销方式之一，以其实时性、互动性、引流性等特征深受消费者喜爱，也逐渐受到企业的重视。

7.3.2　美宝莲纽约互动营销直播

美宝莲纽约作为国际知名的化妆品品牌，为了推广其新品并提升品牌知名度，选择利用直播+互动营销的方式开新品发布会。通过淘宝的微淘平台，美宝莲纽约成功地将传统的新品发布会与直播营销相结合，创造了一个全新的营销案例。一是明星+网红双重效应扩大品牌传播范围。美宝莲纽约邀请了其新代言人进行现场直播，同时邀请了50位网红开启化妆间直播，直击后台化妆师为模特化妆的全过程。这种明星+网红的双重直播模式，不仅吸引了大量粉丝的关注，还通过网红的影响力扩大了品牌的传播范围。二是互动营销手段丰富。在直播过程中，美宝莲纽约通过抽奖、互动问答等方式与观众进行互动，提高了观众的参与度和购买欲望。同时，观众还可以在直播间直接下单购买新品，实现了销售转化的即时性。

通过此次直播营销，美宝莲纽约的品牌曝光度得到了大幅提升。据统计，该活动使美宝莲纽约整体无线访客比前一天增长了50.52%，这一数字足以说明直播营销的强大影响力。直播当天，美宝莲纽约的新品销量达到了10 607支，刷新了天猫彩妆唇部彩妆类目的记录。这一销售转化成果充分证明了直播营销在促进消费者购买行为方面的有效性。美宝莲纽约新品发布会直播营销案例通过明星+网红的双重直播模式、丰富的互动营销手段以及即时的销售转化，成功提升了品牌知名度和销售额。这一案例为其他品牌提供了有益的借鉴和启示，即通过直播平台进行直播+互动营销，可以有效地提升品牌曝光度和销售转化效果。

7.3.3　直播+互动营销运营模式的优缺点

一、直播+互动营销运营模式的优点

(一)提高品牌产品曝光率

直播采用针对性宣传，品牌内容更直观、更生动，可以从跨平台、多渠道的视角演示产品，提高产品曝光率。

(二)强调用户参与

直播可以通过主办方设置互动环节，让用户身临其境地互动参与，提高用户黏性和品牌认知度。

(三)销售转化率高

直播可以通过直接借助直播+互动营销的推销手段将产品优势讲解得更具有说服力，进一步推动销售。

(四)实时数据监控

直播提供了实时的数据监控方式，品牌方可以实时了解直播的浏览人数、转化率等数

据，进一步加强营销的预测与效果监控能力。

二、直播+互动营销运营模式的缺点

(一)要求高

由于直播必须在短时间内传达信息，对于主播和参与者的表达能力和沟通技巧要求较高。

(二)品类约束逼紧

直播重在用户互动和参与，只在直播中展现某些特定的品类(如化妆品、服装、美食等)，对品类的约束性较高。

(三)流量费用高昂

直播对网络流量和视频带宽等都有较高的要求，如果直播规模更大，可能会有高昂的流量费用。

7.3.4　直播+互动营销运营模式的发展趋势

随着现代社会对信息的高度关注和所谓媒体地位的提升，直播+互动营销模式也已被广泛应用于电商、金融、地产、美妆、装饰等多个领域。未来，随着市场和消费者需求的改变，直播+互动营销模式的发展方向也将不断创新。

首先，与营销诉求分别独立出来的传统营销方式不同，直播+互动营销更可以兼顾消费端和营销端的需求，为整体优化品牌赋能，实现个性化营销。高度定位个性化、专属营销将成为未来直播+互动营销的一个方向。

其次，直播+互动营销也将进一步融入更高科技的技术，比如虚拟现实技术、全景漫游等，并将智能化与人性化结合，探索更多新应用的交互方式，提供更美好的用户体验。

最后，由于微信、抖音等社交媒体平台和网络公司正在不断拓展，未来直播+互动营销的内容将变得更加丰富和全面，这不仅能够丰富直播的流程和环节，同时也加速了直播业态的转型。在未来，直播+互动营销模式将成为更多品牌自我营销的选择。

任务四　直播+内容营销

任务描述: 在当前的数字营销环境中，"直播+内容营销"已经成为一种重要的营销策略，它通过直播的形式将优质内容传递给目标受众，实现品牌传播和用户互动。本任务旨在让学生深入了解"直播+内容营销"的核心理念和实践方法，通过案例分析掌握其运营技巧和策略。

1. 选择一个典型的"直播+内容营销"案例，并收集相关资料。
2. 分析案例中内容营销的策划、执行过程以及直播在其中的作用。
3. 评估案例的营销效果，并总结其成功要素。
4. 结合所学知识和案例经验，提出自己对"直播+内容营销"策略的看法和建议。

任务分析: 学生需深入了解案例中内容营销的策划过程，包括目标受众的确定、内容主题的选择、内容的制作与发布等，并分析直播在其中所扮演的角色和所起到的作用。基

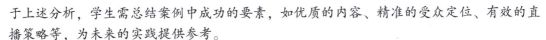

于上述分析，学生需总结案例中成功的要素，如优质的内容、精准的受众定位、有效的直播策略等，为未来的实践提供参考。

任务实施： 每3人为1组，完成以下任务。

1. 资料收集：学生需通过查阅相关报道、观看直播回放、收集数据等方式获取案例资料。

2. 案例分析：对收集到的资料进行整理和分析，深入理解案例中的"直播+内容营销"策略和执行过程。

3. 报告撰写：将分析结果以报告的形式进行呈现，包括案例介绍、内容营销策划与执行分析、营销效果评估以及成功要素总结等。

任务评价： 学生在分析案例的过程中，能够提升自己的数据分析、逻辑思考和策略制定等能力。通过对案例的深入研究，学生能够拓展自己的创新思维和视野，为未来的营销实践提供新的思路和方法。

知识链接

7.4.1　直播+内容营销运营模式的含义

直播+内容营销是另一种利用直播平台进行营销的方式。该模式是通过内容创作，借助直播工具为品牌打造自己的营销策划，通过好的营销策划，可以吸引更多的用户参与，从而提高品牌的知名度和转化率。

7.4.2　直播+内容营销运营模式的优缺点

一、直播+内容营销运营模式的优点

(一)提高品牌曝光率和信誉度

直播+内容营销需要兼顾直播的互动、营销与用户需求，在交互性上具有很强的优势。因此，在营销策划中不仅能向用户展示品牌形象，还能讲解产品的使用方法和品牌的服务保障方案，提高品牌的信誉度。

(二)强调用户参与

直播+内容营销也可以通过直播平台设置互动环节，如抽奖、问答等，鼓励用户加入游戏环节，提高用户黏性和品牌认知度。

(三)增加用户的信任感与满意度

直播+内容营销需要提供充分的信息且需要解答用户问题，这样能增加用户对该品牌的信任感；同时，还需要为用户提供满意的服务，增加用户的满意度。

二、直播+内容营销运营模式的缺点

(一)内容制作难度较大

直播+内容营销需要有精美的视觉呈现及专业的演讲技能，需要团队化、专业化的运营模式，因此制作难度较高。

(二)用户焦点易丢失

直播+内容营销的时间是有限制的，风格要连贯、逻辑要清晰，如果在短时间内传达完整信息的能力有限，则容易使用户的焦点丢失。

(三)人效无法评估

直播+内容营销的人效是相对难以衡量的，涉及面广、专业度较高，因此人力成本难以评估。

7.4.3 直播+内容营销运营模式的发展趋势

未来的市场发展和消费者需求的变化将为直播+内容营销运营模式的发展带来各种新挑战，同时也会推动更多的变革和发展。

首先，直播+内容营销将更加关注个性化和定制化，将营销策划细分化以满足消费者的不同需求，增加不同客户对品牌的认知度。

其次，在人工智能技术的辅助下，品牌也将更加智能地进行营销策划，使产品更加精准地营销目标客户，直播+内容营销也将更多地应用于不同领域。

再次，随着网络科技的发展，直播+内容营销的用户交互模式将更加革命性地演化，卓越的用户体验将成为直播营销的主流，在直播内容上营造更具感官刺激和多维度的娱乐体验，加强对用户的吸引力。

最后，直播+内容营销作为一种全新的营销模式，正处在高速发展时期。随着消费者个性化需求的不断变化，这一模式将不断发展创新，实现更大的营销效果。

任务五　直播+广告植入

任务描述： 在直播营销中，广告植入是一种常见的策略，旨在通过直播的形式向观众展示品牌或产品，提升品牌知名度和购买意愿。本任务旨在让学生理解并掌握"直播+广告植入"的策略和技巧，通过案例分析了解其运作机制及效果。

1. 选择一个含有广告植入的直播案例，并收集相关的直播内容和广告信息。

2. 分析该案例中广告植入的策略、方式和效果。

3. 结合所学知识，提出对"直播+广告植入"策略的优化建议或创新思路。

任务分析： 学生分析案例中广告植入的策略，包括植入的时间点、方式(如口播、道具展示、背景展示等)、与直播内容的结合度等，掌握"直播+广告植入"的优势与劣势，并提出相应的优化建议或创新思路。

任务实施： 每3人为1组，完成以下任务。

1. 资料收集：学生需通过观看直播回放、查阅相关报道和数据等方式，收集直播内容和广告信息。

2. 案例分析：对收集到的资料进行整理和分析，深入理解案例中的广告植入策略和效果。

3. 课堂分享：在课堂上分享自己的分析结果，与同学和老师讨论和交流。

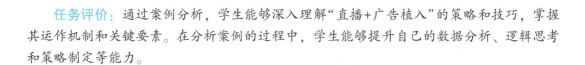

任务评价：通过案例分析，学生能够深入理解"直播+广告植入"的策略和技巧，掌握其运作机制和关键要素。在分析案例的过程中，学生能够提升自己的数据分析、逻辑思考和策略制定等能力。

知识链接

7.5.1　直播+广告植入运营模式的含义

网络直播作为新兴的互联网视频媒介，因其低门槛、高互动和即时性等特点而为越来越多的网民所喜爱，并逐渐成为广告主投放广告的重要载体。网络直播植入广告因网络直播这一载体的特殊性，与传统媒体广告相比，具有参与主体多、形式变化多等特点。

直播+广告植入是指在直播平台中，将广告自然融入直播或节目中，消除广告的单调性，提高广告的曝光率和吸引力，同时增加直播平台运营者的收益。这种广告植入的形式已经被越来越多的品牌运营商使用，成为直播行业的一种新型广告营销方式。

7.5.2　广告植入的形式

广告植入是指把产品及其服务所具有的特征信息融入影视剧等表演内容当中，从而使得受众在观看作品时潜移默化地接受产品信息的一种广告形式。网络直播本身即作为一种文化表演内容，因其同时具备内容形式多样、实时互动性强、体验真实性高以及受众群体基数多、有分类等特点，是天然的优质广告植入载体。广告植入的形式主要有以下4种。

第一，直播+试用体验。该种模式下，产品企业往往利用网络主播在特定细分领域的人气、知名度甚至权威性，委托主播对被推广产品以直播的形式进行现场试用、演示，表达产品体验感受。例如，常见的美妆主播试用新款化妆品，游戏主播试玩新游戏、新皮肤、新道具等，能更加真实地凸显产品的属性和性能，并实时收集受众群体的问题反馈，以达到更好的产品体验、更实时的产品互动的营销目的。例如，李佳琦在最初直播时试用各大品牌口红色号，现在国内美妆品牌也紧跟电商直播潮流，纷纷寻找各大主播进行合作，免费邮寄新品，积极寻找适合自己品牌形象、气质的主播在短视频、直播中展示自己的产品。

第二，直播+广告隐性植入。广告隐性植入于直播内容中是较为常见的网络直播广告植入形式，与传统影视剧植入广告具有一定的类似性，即在网络主播常规直播内容中，通过场景画面或表演桥段设计出现与表演内容具有一定匹配性和关联度的品牌产品，让观众在观看网络直播时能够不自觉地观察产品。同时，由于网络直播具有日常性，所以受众群体对这种产品的隐性认知能够被反复强化。例如，在美妆教程中使用广告产品，在美食教程中使用广告产品等，都可以使观众潜移默化地被影响、被"种草"。

第三，直播+主题活动。该形式是商品经营者或服务提供者通过在网络直播平台直播与所推荐产品内容相关的主题活动，例如，以产品为道具的游戏活动、品牌冠名演唱会等，让观众在实时收看具有相当趣味的主题活动中接收品牌信息，了解产品或者服务的背景、原理、功能及特点，从而起到广告宣传的作用。例如，2016年联想CEO杨元庆在映客进行直播，200万人在线观看，杨元庆不仅一口气发布了众多黑科技新品，还顺带在映客直播刷新了IT直播的新高度。直播之火燃遍中国互联网之后，嗅觉灵敏的IT大佬和商业领袖们开始抢过了直播的麦克风。许多CEO和大佬们等都当起了"直播网红"。大佬跨界助阵与直播平台的"新社交平台"战略不谋而合，成为2016年科技圈蔚为壮观的景象。

第四，直播+企业主访谈。这种模式，一方面，这体现了直播平台期望通过与知名品牌或知名企业家的绑定效应来提升平台自我档次和形象的需求；另一方面，其为企业家在各类主题访谈中，依靠其自身的社会影响力和知名度来为产品进行宣传推广、信用背书提供了良好的契机。此种模式因为双方都有内在利益诉求，能够形成良好的互惠互利效果，而且对于产品推广而言，企业家的名人效应可以说是免费的宣传资源，因此，也逐渐为产品企业所使用。

7.5.3 直播+广告植入运营模式的优缺点

一、直播+广告植入运营模式的优点

(一) 提高广告转化率

直播+广告植入的广告形式更灵活，可以自然地与直播内容融为一体，更容易被观众接受，提高广告转化率。

(二) 增强用户体验

植入广告不会干扰用户的观看体验，反而可以增强用户对品牌的记忆深度和美誉度。

(三) 提高品牌曝光率

直播+广告植入可以利用各种形式的互动性，通过话题引起大量粉丝关注的同时提高品牌知名度。

二、直播+广告植入运营模式的缺点

(一) 广告创意难度较大

广告植入需要创新性和创意性，能将广告自然植入直播流程中并吸引观众注意力，这要求广告制作方具备较高的专业能力。

(二) 广告容易成为干扰用户观看体验的元素

如果植入广告的形式不得当，就会干扰用户的观看体验，影响到用户对于该品牌的印象。

(三) 平台角色的限制

广告植入的单一目的是获取收益，针对某些特殊内容可能难以进行植入，影响收益。

7.5.4 直播+广告植入运营模式的发展趋势

随着数字经济的不断发展，直播+广告植入的营销模式也将会不断发展创新，实现更大的营销效果。

首先，直播+广告植入将更注重用户体验和广告互动，在提升品牌效应的同时，更能够做到如同面对面交流一样。

其次，随着人工智能技术和大数据的应用，广告植入的定位会更加精准和直观，在广

告植入的内容方面也会出现更加创新和多样化的形式。

再次，直播+广告植入将更加关注自然度和流畅度，营销的方式需要更多地考虑观众的感受和视觉效果，加强广告植入的人性化，提高观众的质量和数量。

最后，直播+广告植入对于品牌推广、营销策略的创新有着很大的优势，具有很大的市场潜力，随着人们消费观念和需求的不断变化，它的应用也将更加多元化。

任务六　直播+个人 IP

任务描述：随着直播行业的迅速发展，越来越多的个人开始利用直播平台打造自己的个人 IP，通过直播的形式展示个人魅力、分享专业知识或传递价值观。本任务旨在引导学生深入理解"直播+个人 IP"的运营模式和策略，通过案例分析掌握其成功要素和操作方法。

1. 选择一个成功打造个人 IP 的直播案例，并收集相关资料。
2. 分析该案例中个人 IP 的塑造过程、直播内容的特色以及粉丝互动的方式。
3. 评估该案例中个人 IP 的影响力以及直播对 IP 推广的作用。

任务分析：学生需深入分析案例中个人 IP 的塑造过程，包括个人定位、形象设计、内容规划等方面，理解其如何通过直播展现个人特色和魅力。学生需关注直播内容的特色，包括内容的创新性、专业性、趣味性等，分析这些内容是如何吸引观众并增强个人 IP 影响力的。

任务实施：3 人一组完成以下任务。

1. 资料收集：学生需通过观看直播回放、查阅相关报道、收集数据等方式，获取案例资料。

2. 案例分析：对收集到的资料进行整理和分析，深入理解案例中的"直播+个人 IP"策略和操作方法，包括案例介绍、个人 IP 塑造过程分析、直播内容特色分析、粉丝互动方式分析以及影响力评估与优化建议等内容。

任务评价：通过对案例的深入研究，学生能够培养创新思维和解决问题的能力，为未来的个人 IP 打造和直播运营提供新的思路和方法。在当前竞争激烈的直播行业中，拥有个人 IP 和直播运营能力的人才更受欢迎。通过本任务的学习，学生能够为未来的职业发展打下坚实的基础。

知识链接

7.6.1　直播+个人 IP 运营模式的含义

我国文化产业逐渐兴盛，对 IP 的概念也有了更宽泛的定义，版权的开发与运营，强调其商业价值和利益，包括网络游戏、著名人物、流行小说等具有文化色彩的文化 IP。文化 IP 具有独特性、延展性、创新性。个人 IP 在品牌构建、知识分享、话题营销等众多方面起着重要作用，个人 IP 即将个人作为产品或品牌打造，赋予理性或感性的关联，因个人具有独特性，那么个人所传达出来的观念、价值具有独一无二性，所打造出的个人品牌很难被复制。品牌要是想出圈，必须具备独特性，不论是前人的经验或是现在品牌的发展之路都验证了这点。个人IP借助个人魅力建立品牌成为新的营销思路。

直播+个人IP运营模式是指个人通过直播平台来展示自己，通过搭建个人品牌及各种自媒体渠道，吸引以年轻人为主的用户，进而扩大个人影响力、提升知名度，实现更多的商业化盈利。这种模式要求主播具备良好的表达能力、深刻的洞察力和近距离的用户关系，以便更好地满足粉丝的需求，进而获得用户的支持。

7.6.2 个人IP案例

直播尚未流行之前，个人IP一直都存在着。例如，《罗辑思维》的创始人罗永浩、凭借清纯照片走红的奶茶妹妹、外表和语言都相当犀利的凤姐等都是互联网发展的产物。在直播兴起后，大量的个人IP浮现出来，个人IP化从单个的特例变成一个群体事件，而直播的兴起则为表现个人影响力提供了最好的渠道。

直播平台降低了个人IP化的门槛。在直播平台里，每个人都能随时随地打开直播分享内容，这些内容可以是美妆教程、唱歌、跳舞，或者仅仅是聊天、吃东西甚至直播睡觉。可能你认为没有价值的内容却会让主播获得关注。在直播里，个人获得关注度的成本低了，自然也更容易走红。不过要想成为有影响力的IP，还是需要精细、高质量的内容支撑。

直播平台内容垂直化和细分化增强了主播与粉丝的黏合度。随着网络传播速度的加快，互联网同质化内容泛滥，内容从来就不是一种稀缺存在。因此，优质、专业的内容在杂乱无序的信息中就会显得愈发珍贵。直播平台里，同质化现象也很常见，主播若想突出重围，则必须展现与他人不同的内容。垂直化给消费者提供专业内容的服务逐渐被市场认可，使得板块越来越细分。相同的版块之间的区别越来越大，受众在进行选择的时候会选择与自己需求更加相近的内容。久而久之，主播与粉丝的黏合度就会增加，形成更牢固的关系。例如，靠拍创意短视频而走红的"nG家的猫"，作为个人IP，他会经常利用直播平台与粉丝进行互动。直播内容也主要是围绕其创作的视频内容、猫和方言吐槽。由于他的大部分粉丝也是有相同爱好的新潮年轻人，双方都有共同的兴趣爱好，所以直播时双方的互动性更强。例如，他会经常用武汉方言与粉丝对话，对于武汉人就会有一种贴近性。而他教授摄影知识、分享养猫经验也吸引了一批摄影爱好者和爱猫者，"nG家的猫"也正是凭借这种细分化的、具有特色的内容而成了个人IP。

另一位成功实现个人IP价值化的网红是李子柒。李子柒走上短视频博主之路始于2015年，随着李子柒个人IP逐渐走入成熟，她在2017年组建团队，开始实现由个人IP到李子柒品牌的转化之路。在2020年5月，天猫海外发布了年度国货出海品牌榜，李子柒品牌荣登天猫海外国货的十大新品牌。2021年5月，李子柒品牌获得第三届ISEE创新"新锐先锋品牌奖"。李子柒在她的众多视频中，坚持传承与发扬中国美食等传统文化，她把视频发布在国内外视频平台上，目的是让全球都能感受到"了不起的东方味道"。

李子柒品牌以视频内容为主，聚焦美食领域，但不是做厨师的培训教程，是通过"衣食住行"对美食的强关联认知。李子柒品牌倡导的是"新传统，轻养生"的东方特色美食品牌。李子柒品牌大多是与故宫食品、国家宝藏和天安门文创等国内顶级文化IP的跨界联名，并合力推出了杭罗、蜀绣团扇、斗篷等非遗文创产品，更强化了消费者对李子柒品牌以东方文化为主基调的品牌认知。从李子柒个人IP的定位"古装美食"，再到品牌定位"传统文化时尚化，地方美食全球化"，二者定位相近，并且可以说是完美衔接，这对于其他

具有知名度的 IP 品牌化转化具有积极的借鉴意义。

7.6.3　直播+个人 IP 运营模式的优缺点

一、直播+个人 IP 运营模式的优点

（一）品牌效应强

个人 IP 运营模式可以树立个人品牌，在平台中建立广泛而忠实的粉丝群体，随着个人影响力的提升，吸引更多的广告商和商家合作，更容易增加收益。

（二）收益高

个人 IP 的特点是可以快速打造自己的影响力及粉丝群体，因此更容易获得大面积用户的关注和支持，通过自创内容的付费方式、贩卖个人衍生品、代言广告、参加各项广告投入等方式实现盈利。

（三）收获个人认可

直播+个人 IP 运营可以获得成为网红的许多优势，获得更多的公众认可和尊重，进而提升自身价值。

二、直播+个人 IP 运营模式的缺点

（一）对技能和播出时间的要求高

要想成功地开展个人 IP 运营，必须具备独特的技能或才能，同时还需要有较长的播出时间。

（二）需要较长的成长过程

直播+个人 IP 运营需要时间投入才能形成一个具有良好知名度和受到广泛欢迎的个人品牌，耗时过程较长。

（三）竞争压力过大

在直播平台上，众多的个人 IP 竞争激烈，自身实力、知名度、吸引力等都必须比同行更强，让自己在众多竞争者中更具优势。

7.6.4　直播+个人 IP 运营模式的发展趋势

随着直播行业日益成熟及不断创新，直播+个人 IP 的发展呈现出以下几大趋势。

首先，个人 IP 将会更加多元化。随着网红经济的不断发展，用户要求越来越高，更多具有独特性和特色的个人 IP，在播出营销策略的支持下，会吸引更多的观众。

其次，优质的内容将成为个人 IP 直播的关键。在直播平台上，内容永远是最重要的，靠内容更好地吸引和留住粉丝。

再次，更大的发展将会在直播互动领域出现。在直播互动领域中，观众之间的沟通将会变得更加直接和实时，并且将更加特定，由此带来的变化将极大地改变在线直播体验。

最后，直播+个人 IP 运营模式已经成为直播行业的一种新型运营模式，成功的个人 IP 不仅能带来好的收益和高的知名度，更能获得粉丝认可，开创人生新局面，遵从趋势的发展，有助于直播行业的长远发展。

任务测验

一、单选题

1. 直播电商带货是一种将电商和( )相结合的商业模式。

A. 电视节目　　　B. 短视频　　　C. 直播　　　D. 图文

2. ( )类型的直播通常用于销售产品。

A. 娱乐直播　　　B. 新闻直播　　　C. 教育直播　　　D. 电商直播

3. 在直播过程中，以下哪种行为是不被推荐的( )。

A. 尊重观众　　　　　　　　B. 保持专业态度

C. 随意泄露个人信息　　　　D. 鼓励观众参与互动

4. 直播带货的网络秀场可以覆盖无数客户，相较于实体店而言，节省了巨额的人力与物力成本，这体现的是直播电商带货的( )优点。

A. 增进用户体验　　　　　　B. 提高购买转化率

C. 提高忠诚度　　　　　　　D. 降低销售成本

5. 直播提供了实时的数据监控方式，品牌方可以实时了解直播的浏览人数、转化率等数据，进一步加强营销的预测与效果监控能力，这体现的是直播+互动营销的( )优点。

A. 实时数据监控　　　　　　B. 强调用户参与

C. 提高品牌产品曝光率　　　D. 销售转化率高

二、简答题

1. 简述直播+发布会运营模式的含义。

2. 简述直播+广告植入运营模式的优缺点。

3. 简述直播+个人IP运营模式的发展趋势。

4. 简述直播+内容营销运营模式的优缺点。

三、技能实训题

策划一场抖音直播活动以提升零食品牌销售。

题干：

你是一家零食品牌的营销负责人，你的任务是策划一场抖音直播活动，此举旨在吸引更多用户，提高品牌知名度并实现更多的销售和利润。从宣传、直播内容、互动方式到销售策略等各个环节综合考虑。

答题要求：

宣传策略：描述你将在直播开始前一周和直播前24~48小时内分别采取哪些宣传措施，以吸引粉丝关注。

直播内容策划：

设计直播间的主题场景和音乐，以营造氛围。

制定开场介绍，包括直播内容、互动方式、福利品和主营产品的特点。

规划如何展示品牌故事和特点，以及产品的美味和好口感。

互动与销售策略：

描述你将在直播过程中如何上架福利品，以吸引粉丝。

制订互动活动计划，如抽奖、点赞加推送等，以增加粉丝参与度和购买意愿。

重点推荐主营产品，并规划相应的视频介绍和图片展示。

设计特别的限时折扣策略，以吸引用户购买。

直播结束与复盘：描述你计划如何公布直播的销售额、观看人数、互动数据等，还要宣传下一次直播时间。

评分标准：

宣传策略的创新性和有效性(20分)。

直播内容的吸引力和品牌展示效果(30分)。

互动与销售策略的创新性和预期效果(30分)。

直播结束与复盘计划的完整性和前瞻性(20分)。

项目八 直播达人带货

🎯 **学习目标**

知识目标：
1. 了解主播人设的定义
2. 掌握主播人设的类型
3. 直播运营成本管理

能力目标：
1. 了解主播人设打造步骤
2. 了解直播带货的核心技巧
3. 了解直播带货方案

素养目标：
1. 培养遵纪守法的意识
2. 培养努力奋斗的坚定意志

📦 **引导案例**

"面部长痘痘怎么办呢？是不是在使用清洁面膜之前也需要用葡萄籽呢？对于有炎症的痘痘，可以使用祛痘精华吗？另外，绒球燕窝面膜有什么样的功效呢？""针对下巴和脸颊长痘痘的问题，可以尝试使用含有祛痘成分的面膜或者专门针对痘痘护理的产品。在清洁面膜之前使用葡萄籽有助于深层清洁和去除皮肤表面的污垢。对于有炎症的痘痘，可以选择含有抗炎成分的祛痘精华来缓解症状。至于绒球燕窝面膜，它通常具有保湿滋润、修复肌肤、提亮肤色等功效，可以使肌肤更加柔软水润和光滑细腻。"

每天下午，粉丝们都会聚集在美妆主播乐怡的直播间，向她提出各种护肤方面的问题。乐怡总是耐心地一一回答他们的疑问，与粉丝们分享护肤技巧和经验。

与传统主播快节奏、强势宣传产品的风格迥然不同，乐怡的直播间更像是一个在线护肤资讯平台，她以娓娓道来、细致入微的方式向粉丝们传递护肤知识。她提倡的"体系化护肤"理念主张根据个人皮肤状况量身定制一个适合自己的护肤体系，帮助粉丝们找到最适合自己的护肤方法。

乐怡的直播间并没有高调的吹捧，也没有过度的推广，她凭借着专业的美妆护肤知识和优质的产品，以一种温和细致的方式，不断吸引着忠实的粉丝，就像滚雪球一般逐渐扩大。她曾骄傲地表示，90%的粉丝进入她的直播间后都深深地被吸引，甚至有些粉丝从她开始直播就一直追随着她。从曾经的"大烂脸"到如今的冻龄护肤专家，乐怡自身成为直播间最有说服力的典范。作为最早进入电商平台的美妆直播主播之一，乐怡的业绩一直稳居行业前列，并持续稳步增长。她签约了一家转型自传统媒体的MCN，在内容制作方面具有显著的优势。在确定了"明星+达人"主播双轨驱动策略后，MCN积极挖掘了大量在穿搭、美妆、时尚、美食等领域具备超高人气的达人资源。

乐怡是公司美妆主播中独具特色的佼佼者，她的直播间标榜着"成分党"，致力于为各类型肌肤的人群匹配适用的护肤产品。在某年的"双十一"购物狂欢节上，乐怡的直播间创造了超过447万元的成交额，再次刷新了个人销售记录。尽管"双十一"过后，许多主播选择休息调整，但乐怡却没有给自己放假，她每天都坚持和粉丝们交流护肤问题，已经形成了一种习惯。粉丝们提出的各种皮肤问题，她都能够及时给予答复。

任务一　直播人设

任务描述：理解直播人设的定义和重要性，认识到直播人设对于提升直播效果、增强用户黏性和促进销售转化的作用。掌握构建直播人设的基本原则和技巧，包括个人定位、形象设计、语言表达、互动方式等。

任务分析：分析成功案例，学习优秀主播如何打造独特的人设，以及如何通过人设提升直播效果。

任务实施：

1. 收集并整理关于直播人设的资料和案例，分析不同主播人设的特点和优势。

2. 结合自身特点和目标受众，设计一份个性化的直播人设方案，包括定位、形象、语言风格等。

3. 在模拟直播环境中，运用所设计的直播人设进行实际演练，并收集观众的反馈意见。

4. 根据反馈意见，优化直播人设方案，提升直播效果和观众体验。

任务评价：观察学生在模拟直播演练中的表现，包括语言表达、互动能力、形象展示等方面。评价学生根据观众反馈优化的直播人设方案以及改进措施的针对性和有效性。

8.1.1　什么是人设

人设，即人物设定的简称，是指塑造一个独特的、个性鲜明的角色形象。优秀的主播往往有自己独具特色的人设。有专家认为，在营销学中，人设通常被视为可操作的形象化标签，包括外貌、性格、价值观等方面。另一些学者则认为，人设的实质是将人变成商品，是一种符号化消费，而构建人设的过程则是人格的符号化、故事化和标签化的过程。

在直播电商领域，主播的人设主要指的是其形象设定和角色定位，是通过特定的形象和表现方式来吸引和保留粉丝的一种重要策略。

一、人设定位

(一)我是谁

厘清自身定位，以消费者角度审视商家信息。

(二)直面受众群体

根据产品类型和主播人设，细分目标观众群体，涵盖用户的年龄层次、经济实力、消费习惯等因素。在确定人设面向的主要用户群体时，通过对目标受众的深入调查和了解，明确用户的典型特征和行为画像，这样做有助于更精准地定位和吸引目标受众，确保主播的人设和产品定位与受众需求高度契合。通过深入研究受众群体的特征和偏好，主播可以更有效地打造吸引人的人设形象，与目标受众建立更紧密的联系，提升直播内容的吸引力和互动性，达到与受众精准沟通、共鸣的目的，从而增强品牌形象的认同度和忠诚度，推动直播内容的持续发展和壮大。

(三)我能提供什么产品、服务

明确产品和服务相对于同类型产品和服务有何差异性、优势性，这是核心竞争力。

(四)解决消费者的需求

主要考虑产品是否能解决消费者最初的疑惑和问题，以及消费者对主播和品牌的信任程度以及产品的满意度。通过关注和解决消费者最迫切的需求和疑虑，建立消费者对主播及品牌的信任，提升产品带来的满意度。

二、人设标签

从主播的外表、性格特质、行为表现、口才表达等维度去分析主播具有的特点。

(一)外表

细化自身形象特征、穿着风格，让观众及用户对于主播特点产生记忆联想性。

(二)性格特质

从情绪和心态入手，主播应具备足够的亲和力和情绪稳定的能力，能够在保持心态稳定的同时控制直播间的氛围。

(三)行为表现

主播应该以自身特质为基础，适当突出个人特点，通过镜头展现真实的自我特质。一旦确定了个人特质的定位，主播需不断巩固自己的人设形象，以加深观众的印象。

(四)口才表达

打造富有个性特色的直播口才有助于取得更多直播市场的成功机会。要提升直播口才，主播需要多倾听、多练习、多总结。主播应学会分析其他主播在直播时的逻辑、语言表达方式、语气、节奏甚至眼神等细节，领悟他们切入话题的方式，深入分析并吸收经验，逐步提高自身在直播中的语言表达能力。

三、意义

主播通过展示独特的个性特点来打造个人品牌形象，从而增进粉丝对主播及其直播账

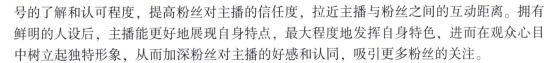

号的了解和认可程度，提高粉丝对主播的信任度，拉近主播与粉丝之间的互动距离。拥有鲜明的人设后，主播能更好地展现自身特点，最大程度地发挥自身特色，进而在观众心目中树立起独特形象，从而加深粉丝对主播的好感和认同，吸引更多粉丝的关注。

四、人设的作用

(一) 满足观众期待

在网络虚拟空间中，主播的"人设"能够满足大众的心理愿望和情感需求。通过移情的作用，粉丝会将自己的情感投射到主播身上，并期待获得某种个人情感上的满足。主播的人设在一定程度上扮演了塑造粉丝心理期望和情感愿望的角色，从而促使粉丝产生情感共鸣和联系。

(二) 吸引精准粉丝

在当今直播商品日益同质化的情况下，当普通观众初次进入直播间时，主播若拥有独特鲜明的人设，可以让观众在短时间内迅速产生记忆点，留下深刻印象。这有助于主播在众多账号中脱颖而出，吸引更多粉丝，并提高粉丝的忠诚度和黏性。通过建立独特的人设形象，主播能够在同质化严重的市场竞争中脱颖而出，吸引更多观众的目光并获得持续关注。

(三) 提升商业价值

出色的人设能够吸引流量，有助于快速传播有价值的内容，形成忠诚的用户群体，并促使内容裂变再次传播，最终实现流量变现。这有助于增强用户黏性，提高复购率，降低流量成本，从而推动直播间的增长和发展。通过建立有吸引力的人设，主播能够吸引更多的观众，建立稳定的粉丝群体，并实现更高效的流量变现，从而使业务实现可持续发展。

五、主播人设强弱的区别

(一) 没有人设、弱人设主播

(1) 卖货靠低价：很难保证有稳定的销售额，且带货利润较低。

(2) 开播流量低：没有稳定的流量渠道来源，在没有投流的情况下，很难进入更高圈层流量圈。

(3) 高数据无法稳定维持：即便直播间能有高光时刻，但无法在长期直播中维持优秀数据。

(二) 强人设主播

(1) 开播时拥有更高的流量：直播间开播时，自然会吸引关注页上的粉丝进入，还有来自短视频、直播推荐等渠道的流量。拥有强人设的主播在开播时通常会拥有较高的自然流量，这有利于在直播初期进入平台的高流量圈，在直播过程中获得更多的曝光和关注。

(2) 用户黏性强：粉丝黏性反映了粉丝的活跃度，拥有强人设的主播能够更迅速地掌控直播间的节奏，并与用户建立更高程度的默契关系，促进更加积极的互动和参与。

(3) 再购频率增加：在产品销售中，老粉丝的复购比例逐渐增加，与新流量的首次购买比例相比，这种趋势会随着时间逐渐提高。通过不断吸引新流量购买，同时保持老粉丝的购买力，可以巩固并发展粉丝群体，增强老粉丝的再次购买意愿。

8.1.2　直播带货的核心技巧

当下，直播带货已经成为电商营销中的主流方式之一。在这一领域，有以下几个关键技巧可以帮助实现成功的直播带货。

一、强化互动性

通过与观众互动(如即时回复评论和提问、抽奖互动等)建立更紧密的联系，增强观众参与感。

(一)实时互动

鼓励观众在直播过程中发表评论、提问和分享，主播要及时回应，形成良好的互动氛围。可以设置互动环节，如抽奖、答题等，让观众参与进来，提高直播的趣味性。

(二)利用社交媒体

在直播前通过社交媒体预告直播内容，吸引潜在观众。

直播过程中分享直播链接，邀请更多观众加入。

直播结束后，可以在社交媒体上发布回放链接，让错过直播的观众也能观看。

(三)推出限时优惠与活动

设置限时优惠、折扣或赠品，激发观众的购买欲望。

举办互动活动，如邀请观众分享自己的购物心得、晒单等，增强观众的参与感。

二、提供专业建议

主播应具备专业的产品知识和技巧，能够为观众提供实用的建议和指引，增加信任感和购买动机。

(一)基于需求的专业推荐

主播需要了解观众的需求和喜好，根据他们的需求推荐合适的产品。在推荐时，可以强调产品的特点、优势以及适用场景，帮助观众作出更明智的购买决策。

(二)权威的认证与背书

如果可能的话，主播可以引用一些权威机构或专家的认证和背书来增强产品的可信度。例如，可以提及产品的获奖情况、专业评测结果等，让观众更加信任产品。

(三)避免夸大与误导

在提供专业建议时，主播需要保持客观和理性，避免夸大产品的效果或误导观众。同时，也要注意言辞的准确性和专业性，避免使用过于夸张或模糊的语言。

三、制定营销策略

主播需制订清晰的直播带货计划，包括产品筛选、推广方式、促销活动等，以确保直播带货流畅高效。

(一)明确目标市场和受众

在制定营销策略时，首先要明确目标市场和受众，了解他们的需求、兴趣和行为习惯，以便为他们提供更具针对性的产品和服务。

(二)利用数据分析优化策略

通过对直播数据、观众行为等进行分析，了解哪些内容、产品和活动更受观众欢迎，从而调整和优化营销策略。

(三)打造独特卖点

在竞争激烈的直播带货市场中，打造独特卖点至关重要。通过挖掘产品的独特优势、创新直播形式或提供独家优惠等方式，吸引消费者的关注和提升购买欲望。

(四)制定灵活的定价策略

根据产品的成本、市场需求和竞争状况，制定合理的定价策略。同时，结合限时折扣、满减优惠等活动，刺激消费者的购买行为。

(五)整合营销渠道

除直播带货外，还可以结合其他营销渠道，如社交媒体、短视频平台等，形成多渠道营销合力，扩大品牌影响力和市场份额。

四、创造独特体验

通过创新的直播形式、特别的主题活动、产品体验等方式，营造独特的购物体验，吸引观众留在直播间并完成购买。

(一)定制化直播内容

根据目标受众的兴趣和需求，定制直播内容，使其更具针对性和吸引力。例如，如果受众对某个特定领域或话题感兴趣，可以围绕这些主题展开直播，提供深入、专业的解读。

(二)创意互动环节

设计一些有趣、新颖的互动环节，让观众积极参与进来。例如，可以开展问答游戏、抽奖活动或者观众投票等，增加观众的参与感和黏性。

(三)打造独特场景

在直播中营造独特的场景氛围，使观众仿佛身临其境。这可以通过布置场景、使用特别的道具或灯光来实现，让观众感受到与众不同的直播体验。

(四)提供个性化服务

根据观众的需求和喜好，提供个性化的服务。例如，可以为观众定制专属的购物方案、提供一对一的咨询服务等，让观众感受到被重视和关怀。

(五)引入新技术和元素

利用最新的技术和元素来丰富直播体验。例如，可以利用虚拟现实(VR)或增强现实(AR)技术，为观众带来沉浸式的购物体验；或者引入智能语音交互系统，让观众能够更方便地与主播进行互动。

8.1.3　主播人设打造方案

人设，即主播的标签化定位。建立标签与主播之间紧密联系，使粉丝通过这一标签牢记主播。因此，标签必须具备鲜明且引人注目的特点。例如，李佳琦塑造的"Oh My God!

买它买它!"等标签，成为其独有的个人品牌形象。

人设可以是单一标签，也可以是一系列标签的组合。在打造人设的过程中，需要寻找易于传播、易于记忆的标签来与主播相匹配，通过主播的一系列行为来展示这些标签，使其成为主播的固定行为表现。随着时间的推移，观众会逐渐记住这些行为所代表的标签，从而形成对主播的独特印象。这样的创造性行为体现了主播个性，引发了观众对主播品牌形象的认同度和忠诚度。

一、实人分析

每位主播都是独一无二的个体，拥有各自独特的外貌、性格、言谈风格和直播特点，他们展示出自身特征和独特个性。

二、人设呈现

根据商品目标群体的需求与主播个人特质，打造具有凝聚力的主播人设和口号。

三、信息传达

在宣传过程中，高频率地曝光主播的标签，同时采用口号、标签文案、图片对用户进一步进行强化记忆。

四、引发共鸣

关键在于选品的重要性，用户要从内心真正认同主播的理念，这基于高品质的商品。通过激励、引导、运作等手段促使购买并提供真实评价，从而推动其他观众认可主播的人设。

当然，打造人设必须基于自身实际情况，而非盲目模仿。要结合自身性格、行为习惯，找到适合自己的标签，然后加以宣传，才能吸引更多粉丝。

一个出色的主播必然具有独特的人格魅力。人格魅力源自主播对自己人设的定义，也就是粉丝对主播外貌、穿着风格的固有印象，以及主播性格给粉丝留下的印象。

为何要塑造人设？简而言之，通过人设设定，可以使自身形象更加鲜明立体，让粉丝能够通过一个关键词或一句话就能记住你。因此，人设必须具有独特的记忆点。缺乏记忆点的人设很难成为成功的人设。要让更多人记住你，就要建立起和粉丝之间的信任和共鸣。信任建立在专业素养之上，之前所学专业或从事的职业是最好的背书；共鸣则源自你的经历、爱好、情感和观点，公开展示这些内容会吸引更多粉丝，同时丰富你的人设形象。

8.1.4 主播人设打造的步骤

一、明确主播定位

首要之务是明确主播的定位，如游戏主播、美食主播、旅行主播等。这有助于确定目标受众，并确定需分享的内容。

二、塑造个人品牌形象

必须考虑个人品牌的塑造，包括昵称、头像、口号和形象等元素，它们应与主播定位及目标受众相互关联。

三、提供有价值的分享内容

需分享具有价值的内容来吸引目标受众。内容可能包括有趣视频、有益教程、独特观点以及互动环节，以满足观众需求并建立连接。

四、与观众互动

与观众互动是培养忠实粉丝的重要方式。主播可以通过回复评论、私信互动和关注粉丝，与观众建立更紧密的联系。

五、持续更新

持续更新是保持观众关注的关键。定期更新内容，尝试创新方法和探索新机会，以保持观众的兴趣和关注度。

六、增加曝光

增加曝光可以帮助吸引更多的观众。可以通过合作、社交媒体和参与活动来增加曝光。

七、保持专业形象

作为主播，需要保持专业形象。这包括避免争议、遵守法律法规和保持礼貌。

任务二　直播成本

任务描述： 掌握直播电商成本的基本概念、主要成本类型以及成本控制的方法与策略。通过实际案例分析，能够更好地理解成本构成并学会在实践中进行成本控制，为未来的职业发展打下坚实基础。

任务分析： 收集并整理相关案例资料，分析不同直播电商模式下的成本差异及影响因素，提出针对性的成本控制策略。能够清晰阐述直播电商的成本构成及其影响因素，并给出有效的成本控制建议。

任务实施：

1. 资料收集与整理：收集关于直播电商成本的相关资料，包括不同平台的收费标准、主播的薪酬结构、运营成本等。同时，整理出典型的直播电商案例，为后续分析提供数据支持。

2. 成本构成分析：在收集资料的基础上，需要对直播电商的成本进行细致的分类和分析。例如，可以将成本分为固定成本(如场地租赁费、设备购置费)和变动成本(如主播薪酬、推广费用)，并计算各项成本在总成本中的占比。

3. 案例对比分析：选取几个具有代表性的直播电商案例，对比分析它们的成本构成及成本控制方法。通过对比，找出不同案例在成本控制方面的优缺点，为提出自己的策略提供依据。

4. 成果展示与讨论：将分析成果以报告或PPT的形式进行展示，并与其他同学进行交流和讨论。通过讨论，可以进一步完善自己的成本控制策略，并加深对直播电商成本的理解。

任务评价： 观察学生在模拟演练中的表现，评价学生是否能够清晰阐述直播电商的成本构成及其影响因素，并给出有效的成本控制建议。

知识链接

8.2.1　直播运营成本

成本是商品经济的核心概念，是商品价值的组成部分，也被称为费用。在线店铺运营需要消耗各种资源(人力、物力和财力)，将资源投入货币表现并转化为物质形态的过程称为成本。

美国会计学会对成本的定义为：成本是为实现特定目标而发生或潜在发生的资源牺牲，可用货币单位来衡量。直播运营成本指的是在直播运营过程中发生的总投入，包括推广成本、运营费用、建设和维护成本、管理费用、人员成本、商品采购成本、售后服务成本、物流费用等。相关费用包括主播费用、坑位费、直播间打赏费、平台佣金、直播设备使用费及折旧费等。

总的来说，成本是企业为实现自身目标和收益所支付的资源，涵盖了劳动价值，是商品价值的关键组成部分。有效管理成本在企业管理中至关重要，可以帮助企业降低成本、提升业绩。

一、主播费用

主播费用，也称为主播成本，包括以下几个方面。

(1)设备配备：主播须拥有高性能计算机、高清摄像头、高保真麦克风等硬件设备，据估计，这些设备的投资约为 5 000 元。

(2)网络带宽：确保直播顺畅的关键因素，可能需要每月支付大约 200 元的费用。

(3)租房成本：如果主播需要租赁房屋作为直播场地，那么租房成本也是主播费用的一部分。

(4)平台分成比例：主播在平台进行直播时，根据合约约定，平台会收取一定比例的分成费用，一般约为 20%。

以上是主播费用的主要组成部分，不同类型的主播和不同的平台可能会有不同的费用结构和计算方式。

二、直播推广费

直播推广费是指在电商直播中，商家需要向主播支付一定费用，以获取展示与推广商品的机会。直播推广费的计算方式因主播差异、产品类型和销售量不同而有差异。以下是几种可能的直播推广费计算方式。

(1)固定展示费用：商家可支付主播固定费用，获取一定时长的直播展示与推广机会。这一费用可能固定不变，也可根据不同指标(如直播时长、产品数量等)灵活计算。

(2)销售额提成：主播可以根据销售额的一定比例收取费用，通常是按照销售额的比例提成。通常，提成比例会根据主播的知名度和带货能力而有所差异。

(3)服务费用：商家可支付主播一定的服务费用，以获取主播的帮助与推广。服务费用的计算方式可根据不同的指标(如观看量、点赞数等)进行协商。

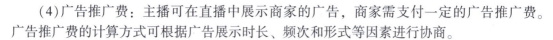

（4）广告推广费：主播可在直播中展示商家的广告，商家需支付一定的广告推广费。广告推广费的计算方式可根据广告展示时长、频次和形式等因素进行协商。

三、直播设备费用

直播设备费用是指为了进行直播带货所需的设备投入和费用支出。以下是一些可能的直播设备费用。

（1）摄像头和麦克风成本：直播中需要使用高质量的摄像头和麦克风以确保画质和声音的品质。摄像头和麦克风的成本取决于品牌、型号和性能，通常在数百至数千元不等。

（2）照明设备成本：为了创造出优质的直播视觉效果，需要配置适当的照明设备。照明设备的费用取决于型号、品牌、性能等因素，高端照明设备的费用可能从几千元到上万元不等。

（3）声音设备成本：为确保直播声音清晰，需配备录音设备，如录音笔或麦克风。录音设备的费用根据品牌、型号和性能等因素而异，高端麦克风费用可能超过 500 元。

（4）视频编码器成本：为了将直播信号编码为数字信号，需要使用视频编码器，如宝腾 Blackmagic ATEM Mini 或 Teradek VidiU Pro 等。视频编码器的费用根据品牌、型号和性能等不同而有所变化，一般为几千元。

（5）音视频接口成本：为了连接各种直播设备，需要使用音频和视频接口，如 HDMI、VGA 等。这些接口的费用因品牌和性能而有所不同，通常在几百至几千元之间。需注意，不同的直播设备和商家可能采用不同的计费方式和收费标准。

四、直播商品采购成本

直播商品采购成本是指直播带货过程中涉及的商品采购支出，包括商品价格、运费和税费等。以下是一些可能的直播商品采购成本。

（1）商品采购成本：商品的实际价格是直播商品采购成本的核心要素。不同商品种类、品牌和质量等因素都将对商品价格产生影响。

（2）物流费用：商品从供应商处运送到直播地点的物流成本也是采购成本的重要组成部分。这一费用取决于运输方式、距离以及商品数量等因素。

（3）税费：在采购商品过程中，可能涉及各种税费，如关税、增值税、消费税等。这些税费会增加采购成本，并根据不同国家和地区的政策而异。

（4）采购代理费：在商品采购过程中，可能需向中间商或代理商支付采购代理费。这项费用金额会因不同中间商或代理商而异。

（5）样品费用：为了了解商品质量和特性，有可能需要支付样品费用，以获取商品样本进行展示和介绍。值得注意的是，不同商品种类、品牌、质量等因素都会影响采购成本。

8.2.2　直播投资回报率提升优化策略

随着移动互联网时代的兴起，电商平台逐渐从传统 PC 端转向移动端，而直播电商作为一种新兴购物方式，迅速赢得消费者青睐，成为新兴电商模式。直播电商强调用户直接参与和购物体验，为电商平台带来更多营销机会和提升用户转化率。那么，如何实现精准营销，提高投资回报率（ROI）和用户转化率呢？

一、通过直播电商平台实现精准营销

以消费者视角来看，相较于传统电商平台，直播电商平台具有更高的互动性和实时

性。通过社交媒体和直播平台提高用户黏性，直播电商能够产生更广泛的营销效果。因此，将直播电商平台视作一种新型营销手段，有助于实现细分化和个性化的营销策略。

（一）利用流量导入的方式

直播电商平台可通过引入多种引流渠道，例如助农直播、KOL 等，轻松引入流量，从而吸引更多用户进入直播电商平台，进一步展开精准营销活动。

（二）基于实时互动过程的数据分析方法

直播电商平台具有极强的实时性，营销人员可以根据消费者喜好实时调整营销策略。通过与客户的在线互动，如 QQ 聊天记录等，了解客户的兴趣和需求，利用官方工具对这些数据进行智能分析，从中提取用户偏好，实现个性化推荐和营销，显著提升精准营销效果。

（三）将精准营销与调研或洞察结合起来

通过直播电商平台与客户零距离接触，销售人员能够获得实时反馈，提出问题以收集数据，深入了解客户需求和偏好，为精准营销做好准备。这种实时互动的方式有助于更直观地理解客户需求，进一步提高精准营销的效果。

二、如何提高 ROI 和用户转化率

提高 ROI 和用户转化率是直播电商平台中极为关键的两个方面。可以从产品、运营、技术等多方面着手，推动直播电商平台实现快速、稳定发展，关键手段包括以下几个。

（一）优化产品策略

不断调整和优化产品线，根据市场需求和用户反馈，推出符合用户需求的产品，提升用户体验和满意度。

（二）强化营销策略

采用多样化的营销手段，如精准定位目标受众，提供个性化推荐，提升用户转化率。

（三）提升技术水平

持续创新技术应用，优化平台功能和性能，确保直播流畅稳定，并提供更好的用户体验。

（四）数据分析与智能化

通过数据分析和智能化推荐系统，深入了解用户行为和偏好，精准推荐产品，提高用户购买率和忠诚度。

任务测验

一、填空题

1. 直播人设的建立需要考虑主播的_____、_____以及目标受众的需求。

2. 直播人设的塑造是一个持续的过程，需要主播根据_____和_____进行不断的调整和优化。

3. 直播电商中的主播薪酬通常由基本工资和_____构成。

4. 直播电商的场地成本通常包括场地租赁费和_____。

5. 直播电商成本控制的关键在于合理制定_____，并加强_____的执行和监控。

二、判断题

1. 直播电商中的主播薪酬是固定不变的，与直播效果无关。　　　　（　　　）

2. 在直播电商中，场地租赁费是唯一与场地相关的成本。　　　　（　　　）

3. 娱乐型直播人设更适合销售高端奢侈品。　　　　　　　　　　（　　　）

三、技能实训题

1. 选取某直播案例，分析该案例中的直播人设特点，并讨论其如何吸引观众和促进销售。

2. 某直播电商团队在直播过程中发现成本超出预算，请分析原因并提出相应的解决方案。

参 考 文 献

[1]张云青，隋东旭. 直播电商全能一本通［M］. 北京：电子工业出版社，2021.

[2]秋叶. 社群营销与运营［M］. 北京：人民邮电出版社，2017.

[3]曹小其，胡青玲. 电商直播［M］. 北京：中国劳动社会保障出版社，2020.

[4]刘望海. 新媒体营销与运营［M］. 北京：人民邮电出版社，2018.

[5]杨浩. 直播电商［M］. 北京：机械工业出版社，2020.

[6]赵丽，彭坤. 新媒体推广［M］. 北京：人民邮电出版社，2020.

[7]汪永华，郑经全. 直播电商运营［M］. 北京：北京理工大学出版社，2020.

[8]胡玲. 新媒体营销与管理：理论与案例［M］. 北京：清华大学出版社，2020.

[9]孙在福，杨婷，杨洁. 新媒体营销［M］. 北京：电子工业出版社，2021.

[10]邹益民，马千里. 直播营销与运营(微课版)［M］. 北京：人民邮电出版社，2022.

[11]冷玉芳、张学青. 直播电商教程［M］. 北京：高等教育出版社，2022.

[12]黄守峰，黄兰. 直播电商实战［M］. 北京：人民邮电出版社，2022.

[13]陈浩. 电商直播营销原理与方法［M］. 北京：中国广播影视出版社，2021.

[14]北京星播文化传媒有限公司. 直播电商实务一本通［M］. 北京：中国人民大学出版社，2021.

[15]黎军，周丽梅. 直播电商基础与实务［M］. 北京：人民邮电出版社，2022.